O CICLISTA ESCLARECIDO

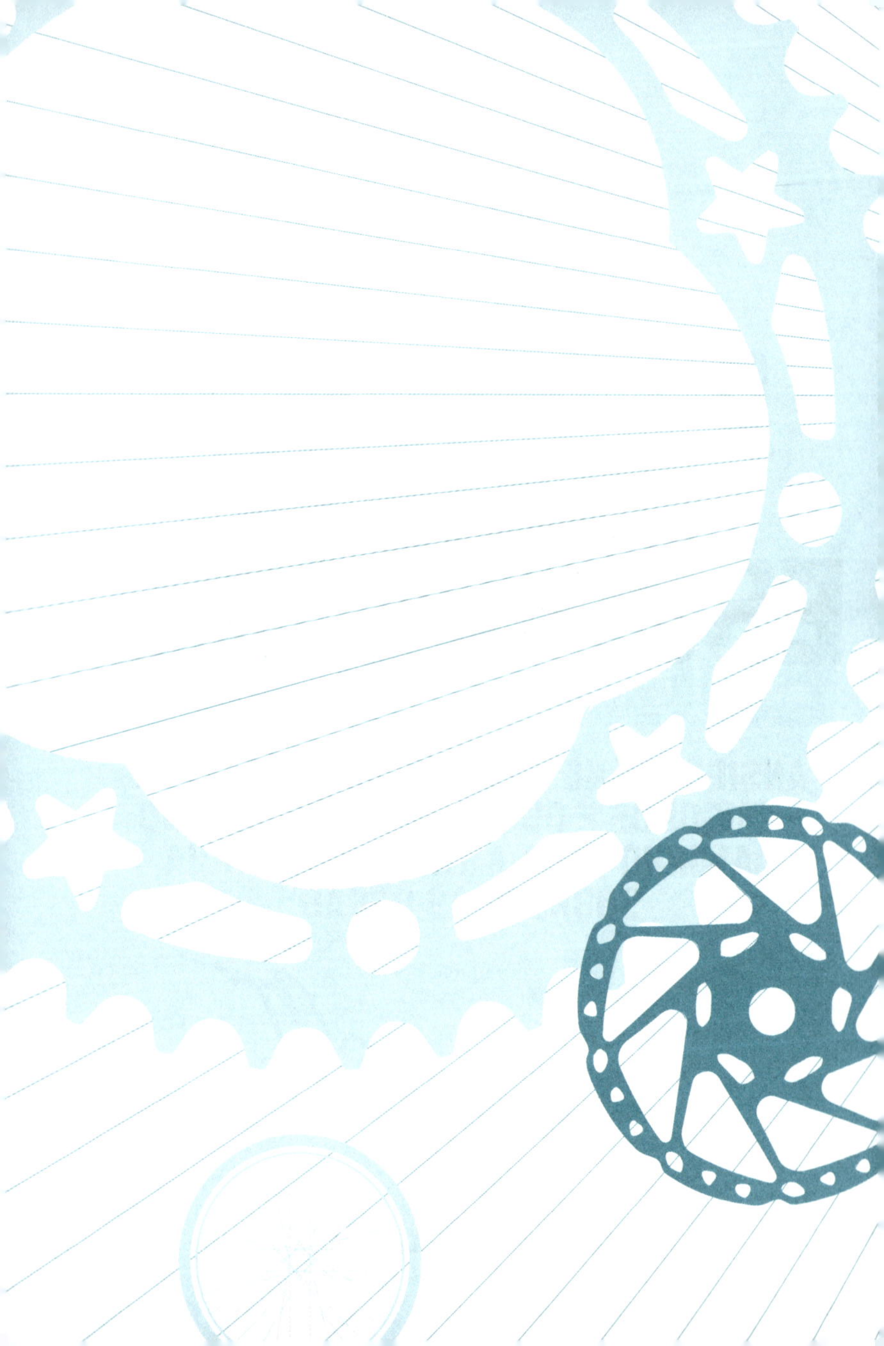

O CICLISTA ESCLARECIDO

ANSIEDADE NO TRÂNSITO, MOTORISTAS PERIGOSOS E OUTROS OBSTÁCULOS NO CAMINHO PARA A TRANSCENDÊNCIA SOBRE DUAS RODAS

Tradução:
Bruno Casotti

BIKE SNOB NYC

odisseia
EDITORIAL

Título original: The Englightened Cyclist: Commuter angst, dangerous drivers, and other obstacles on the path to two – wheeled transcendence
© 2012 Eben Weiss / Ilustrações © Josh Cochran
© 2014 Lexikon Editora Digital

Odisseia Editorial® é marca registrada da
Lexikon Editora Digital Ltda.

Direitos de edição da obra em língua portuguesa adquiridos pela LEXIKON EDITORA DIGITAL LTDA. Todos os direitos reservados. Nenhuma parte desta obra pode ser apropriada e estocada em sistema de banco de dados ou processo similar, em qualquer forma ou meio, seja eletrônico, de fotocópia, gravação etc., sem a permissão do detentor do copirraite.

LEXIKON EDITORA DIGITAL LTDA.
Rua da Assembleia, 92/3º andar — Centro
20011-000 — Rio de Janeiro — RJ — Brasil
Tel.: (21) 2526-6800 — Fax: (21) 2526-6824
www.lexikon.com.br — sac@lexikon.com.br

DIRETOR EDITORIAL: *Carlos Augusto Lacerda*

PRODUÇÃO: *Sonia Hey*

ASSISTENTE DE PRODUÇÃO: *Luciana Aché*

REVISÃO: *Isabel Newlands / William Cruz*

DIAGRAMAÇÃO E CAPA: *Sense Design*

CIP-BRASIL. CATALOGAÇÃO NA PUBLICAÇÃO
SINDICATO NACIONAL DOS EDITORES DE LIVROS, RJ

C499
O ciclista esclarecido : ansiedade no trânsito, motoristas perigosos e outros obstáculos no caminho para a transcendência sobre duas rodas / Bike Snob NYC ; [ilustrações Josh Cochran] ; tradução Bruno Casotti. - 1. ed. - Rio de Janeiro : Odisseia, 2014.
240 p. : il. ; 18 cm.

Tradução de: The enlightened cyclist : commuter angst, dangerous drivers, and other obstacles on the path to two : wheeled transcendence
ISBN 978-85-62948-22-0

1. Ciclismo. 2. Ciclista. 3. Bicicletas. I. Bike Snob NYC. II. Cochran, Josh.

CDD: 796.6
CDU: 796.61

*A todas as pessoas de todos os lugares
que transitam de bicicleta.*

SUMÁRIO

Nota sobre transitar	8
INTRODUÇÃO: Transitar de bicicleta e a indignidade disso	11

LIVRO I: No princípio era a irritação...

REVELAÇÃO: O pior dia que já tive e por que ele me deu fé na humanidade	20
COMUNHÃO ATRAVÉS DO DESLOCAMENTO: Por que transitar é o portal e bicicleta a ferramenta	28
GÊNESE: Quem somos, como tomamos esse caminho e como chegar aonde precisamos estar	42

LIVRO II: Levítico agora

O comportamento irritante do ciclista	70
O comportamento irritante do motorista com o ciclista	89
O comportamento irritante do ciclista com o motorista	101

LIVRO III: Deixe nosso povo ir

INSULTADO: A reação contra o ciclismo	112
ÀS COMPRAS, ÀS COMPRAS: Como o ciclismo é vendido	138
BIKES VERSUS CARROS: Por que estamos lutando?	164
PAGANISMO: Por que as pessoas não andam de bicicleta	182

LIVRO IV: Transcendência

A alquimia do mundano	202
Confesse!!!	226
Agradecimentos	237

NOTA SOBRE TRANSITAR

Transitar é deslocar-se. Este é o foco deste livro, e quando uso essa palavra o que quero dizer muitas vezes é: ir para a escola ou para o local de trabalho e voltar.

Porém, também uso essa palavra para me referir a todas as formas de ciclismo prático e de se locomover em geral – para fazer compras, cumprir pequenas tarefas ou mesmo para atividades sociais – qualquer deslocamento em que o destino e aquilo que você fará são mais importantes do que o deslocamento em si. (Em oposição a, digamos, vestir uma bermuda de *lycra* e pedalar só para se divertir.)

Em outras palavras, se você não vai à escola, não trabalha e usa a bicicleta principalmente para ir beber cerveja com os amigos, também pode ler este livro.

Esta também não é uma obra em defesa da bicicleta nem um tratado sobre os estatutos de trânsito municipais. Se você está à procura de fatos e estatísticas, é melhor comprar uma garrafa de alguma bebida isotônica e ler as curiosidades escritas no verso da tampinha. Portanto, se você abandonou a escola e não gosta de usar o cérebro, ainda pode ler este livro (ou pedir a um amigo que leia para você).

Além disso, quando me refiro a transitar também estou me referindo implicitamente a "trocar uma coisa por outra". Geralmente nos sentimos frustrados quando fazemos uma troca, por dois motivos: ou certas pessoas querem que a gente se renda e substitua nosso tipo de veículo por outro, ou as pessoas não querem abrir caminho para aqueles que optaram por fazer a mudança e utilizar um veículo diferente do que elas usam.

Por fim, embora grande parte deste livro seja sobre o que há de errado atualmente na maneira como transitamos, e sobre por que isso acontece, o objetivo final está relacionado à troca que fazemos. A maneira como transitamos pode acabar transformando a miséria inerente às nossas vidas em algo menos rígido e desagradável, para nós mesmos e para os outros.

Nós não somos nossas bicicletas, não somos nossos carros e – graças aos deuses – não somos nossos *Segways*[1]. Somos apenas nós mesmos.

---

[1] Um veículo elétrico de duas rodas, movido a bateria, inventado por Dean Kamen, que funciona a partir do equilíbrio do indivíduo que o utiliza (ver *Segway*, página 178). [N. do E.]

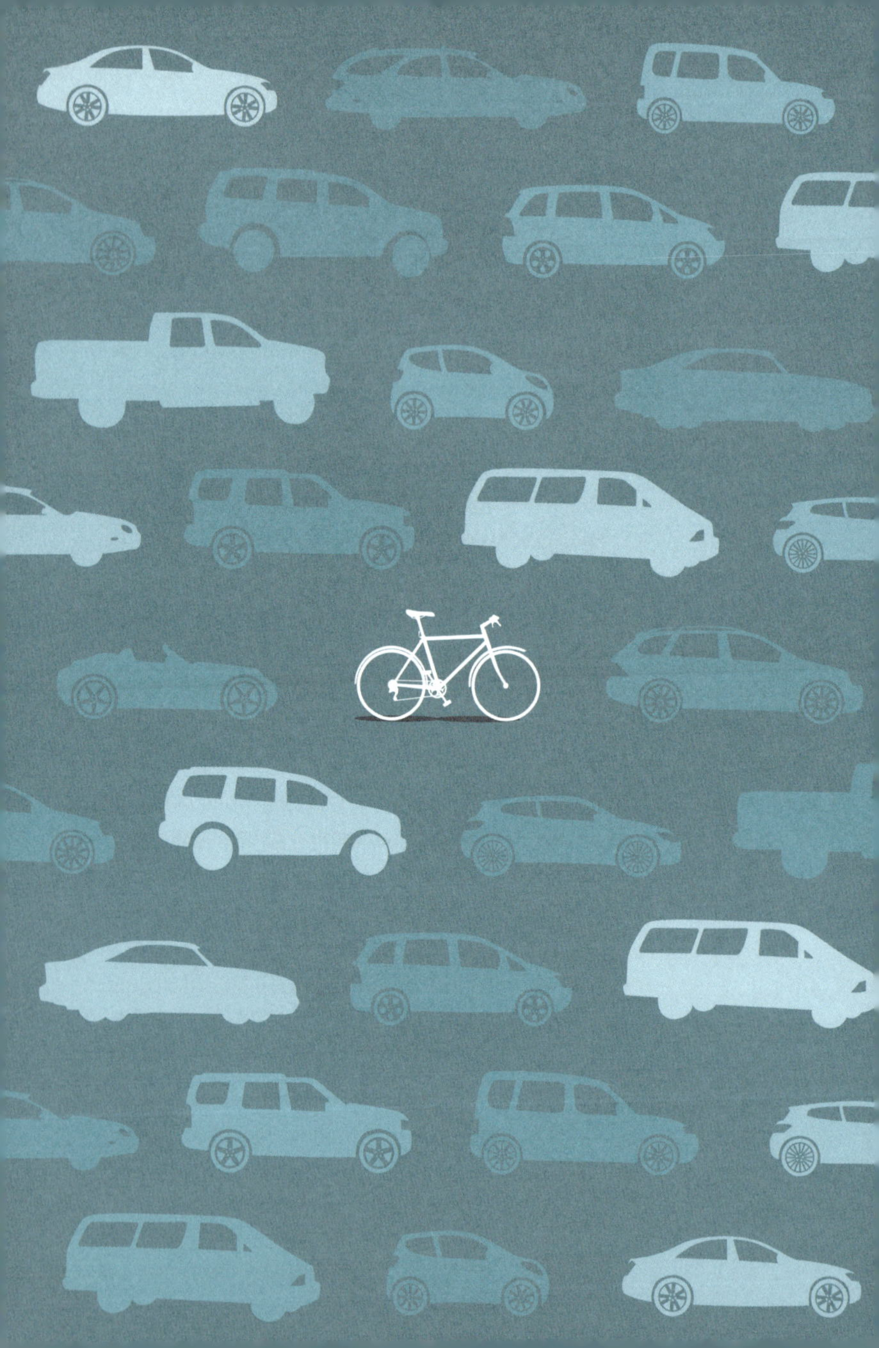

INTRODUÇÃO:
TRANSITAR DE BICICLETA E A INDIGNIDADE DISSO

Tarde de verão num dia de semana no Brooklyn. Estou me sentindo irracionalmente otimista (até porque todo otimismo é irracional) e pedalando de minha casa, num bairro que "não é bacana", até um destino que fica no "lado bacana" do distrito (ou, como costumo dizer, na "rota da seda *hipster*"), a mais ou menos cinco quilômetros de distância.

Enquanto avanço na direção dos bairros mais nobres, a incipiente infraestrutura de Nova York para bicicletas se materializa literalmente sob minhas rodas, na forma de ciclovias verde-limão protegidas e setas brancas como divisas militares indicando no chão o caminho dos ciclistas. Se momentos antes táxis surrados e minivans caquéticas, com para-choques presos com fita adesiva, quase me forçavam de encontro aos carros estacionados, agora estou abrigado com segurança em minha própria pista, recitando alegremente uma velha oração irlandesa: "Que os caminhos se ergam para encontrá-lo e que os ventos estejam sempre às suas costas." Meu otimismo beira a felicidade.

Com o sol batendo quente em meu rosto, paro num sinal vermelho e, enquanto observo os pedestres passando pela calçada à minha direita, os carros enfileirados à minha esquerda e as setas indicando um glorioso futuro de ruas compartilhadas, eu me pego pensando: "Talvez David Byrne e seus amigos estejam certos e exista essa coisa de 'ruas habitáveis'."

Porém, minha alegria dura pouco. Primeiro, um carro na fila à minha esquerda mete o nariz na faixa de cruzamento de pedestres para ganhar aqueles cruciais dois metros de vantagem inicial necessários para vencer a corrida do sinal de trânsito que ocorre a cada cruzamento. Isso leva qualquer pessoa tola o bastante para estar circulando a pé a se aventurar pelo meio do trânsito a fim de atravessar a rua (o que inclui qualquer criança da escola próxima). O motorista gruda o celular na orelha e as luzes de seu freio brilham estroboscópicas e impacientes quando ele avança centímetros. Atrás dele, cada veículo subsequente se alinha um pouco à direita ou à esquerda daquele que está à frente, na tentativa de obter uma linha de visão ou uma potencial posição à frente. (Graças ao advento dos SUVs, das minivans e dos "veículos *crossovers*", desde o fim dos anos 1980 é impossível um motorista enxergar o que está acima do passageiro do outro carro.) Logo, esse agrupamento irregular se assemelha a um trem descarrilado. Em muitos lugares, esse trânsito serpenteia pela nova ciclofaixa e a obstrui.

Mas nem tudo é impaciência. Algumas pessoas se aproveitam do tempo ocioso no sinal vermelho e, de vez em quando, uma janela com *insufilm* se abre para o motorista poder jogar fora uma guimba de cigarro, um lenço de papel amassado ou uma embalagem de bebida vazia. (Embora esses descartes possam parecer ofensivos, o que é preocupante é o que fazem as pessoas quando não abaixam suas janelas com seus *insulfilms* ilegais. Uso de drogas pesadas, manutenção rotineira de arma de fogo e masturbação são coisas que saltam à mente.)

Nesse meio-tempo, enquanto espero, outros ciclistas se juntam a mim. "Finalmente, meu povo!", penso comigo mesmo. Porém, em vez de parar atrás de mim, o primeiro ciclista para na minha frente. Depois, o ciclista seguinte para na frente dele, e por aí em diante, até eles praticamente bloquearem o cruzamento. Aqueles que têm bicicleta sem marcha tentam se equilibrar sobre a *bike* parada, com graus de sucesso variados.

Embora eu tenha chegado primeiro ao sinal, de algum modo sou agora o último da fila. É quase como se todos os outros ciclistas estivessem participando de uma espécie de *alleycat*[2] (treinando para uma *alleycat* talvez?) e, na busca pela glória, tivessem conspirado para me bloquear. Entretanto, exceto o fato de seus capacetes estarem tortos e seus regos glúteos expostos (para o prazer do motorista lascivo que está fazendo sabe-se lá o quê por trás de suas janelas com *insulfilms*), os ciclistas parecem ser todos perfeitos estranhos. Parecem também uma corrente humana desalinhada tentando cruzar um imenso rio de veículos a motor, e cada vez que uma lacuna se abre no trânsito perpendicular, um deles salta para dentro, mal conseguindo se manter vivo.

Os pedestres, por sua vez, simplesmente trançam entre os carros, caminhões e bicicletas, concentrados demais em suas conversas ao celular, descartando lixo e escarrando abertamente.

---

[2] Corrida informal de bicicletas que geralmente ocorre nas cidades. [N. do E.]

Quando o sinal finalmente fica verde, nem o motorista que bloqueia a faixa de cruzamento nem os outros ciclistas à minha frente sequer notam, já que a tática de obter a vantagem inicial os deixou embaixo demais do sinal de trânsito para conseguir vê-lo. Imediatamente, soa a fanfarra das buzinas impacientes na pista de corrida, e os ciclistas à minha frente se contorcem para calçar seus firma-pés (ou simplesmente para pôr os pés sobre seus pedais simples). Passo por todos eles num ritmo tranquilo e logo alcanço os que estão mais à frente, e que haviam acabado de arriscar suas vidas por uma vantagem inicial de sete segundos, agora irrelevante.

Momentos depois, alcanço a linha de chegada dessa corrida urbana: o sinal vermelho seguinte, que é onde todos os veículos (motorizados ou movidos a força humana) inevitavelmente terminam, independentemente da velocidade que impuseram no momento do tiro de largada. Os mesmos carros se enfileiram ao meu lado e os mesmos ciclistas pululam à minha frente, todos eles simplesmente se apressando para esperar de novo, mas todos eles aparentemente com a impressão de que, de algum modo, desta vez será diferente. Desta vez, com certeza, um deles "vencerá" e viverá para sempre como a Lenda da Vanderbilt Avenue, recebendo assédios sexuais e ofertas de patrocínio pelo resto da vida. Para mim, porém, tudo isso serve para enfatizar a inutilidade da vida, e meu otimismo dá lugar à piedade. O caminho se ergueu para me encontrar e me deu uma bofetada.

De fato, ninguém é digno demais, sensível demais ou mesmo responsável demais pela segurança dos outros para participar dessa corrida – e isso inclui os motoristas de ônibus urbanos. Alguns sinais vermelhos à frente, sou o único ciclista no cruzamento e ouço uma buzina soando atrás de mim. Trata-se de um ônibus urbano, e o motorista está olhando para mim de maneira acusativa e apontando alternadamente para o sinal vermelho e seu relógio de pulso. Evidentemente, ele está com a impressão de que, de algum modo, eu o obrigarei a ir mais devagar e quer que eu saia de seu caminho furando o sinal. É claro que meu veículo está para seu ônibus pesadão assim como um *jet ski* está para o Queen Elizabeth II, e, a não ser que eu realmente me recuse a me mover, não existe absolutamente maneira alguma de eu atrasá-lo. Considero por um breve instante a possibilidade de fazer isso, para cuspir nele, mas, em vez disso, sigo em frente quando o sinal fica verde. Naturalmente, quando mais um passageiro embarca no ônibus, na esquina seguinte, já estou a quatro pontos de ônibus de distância.

No caminho de volta para casa, um carro de polícia está obstruindo a ciclovia recém-pintada que já me dera uma esperança exuberante. Suponho que o policial está vigiando o cruzamento para flagrar violações, mas quando um jovem cavalheiro com um capacete de inspiração nazista, dirigindo uma motocicleta de trilha 125cc de dois tempos, proibida nas ruas, atravessa o sinal cortando caminho por um posto de gasolina, o policial está completamente despreocupado. No sinal vermelho seguinte, eu me vejo ao lado do motociclista, que aponta para o sinal vermelho e diz: "O sinal está pra você, cara." Em seguida, ele dá de ombros, fura ele próprio o sinal e entra pela contramão numa rua de sentido único, aparentemente sem se dar conta da ironia tanto de seu estilo de dirigir quanto de seu capacete, que evoca um regime político que o teria matado alegremente com gás. Também ironicamente, quando retorno a meu bairro avesso a bicicletas, a ausência de qualquer fingimento de que, como ciclista, eu pertenço à rua é quase um alívio. Uma bofetada dói mais quando é precedida de um beijo.

O mais irônico de tudo, porém, é o fato de que, apesar da indignidade de transitar de bicicleta, eu não apenas continue a fazer isso como também ache isso prático e agradável. Isso é verdade para um número de pessoas cada vez maior em todo o país, e, consequentemente, muitas cidades estão remodelando as ruas para acomodá-las. Enquanto isso, porém, as ruas continuam sendo lugares cheios de indignidade, bem como de absurdos, conflitos, mal-entendidos, infortúnios e até mortes – porque, enquanto houver pessoas, elas tomarão decisões ruins; e enquanto houver veículos, eles baterão uns nos outros.

Vivemos num país assolado por problemas: uma economia difícil; o envolvimento em duas guerras; a falta de um sistema de saúde de preço acessível; o fantasma constante do terrorismo; e uma queda geral na qualidade dos entretenimentos populares que é, francamente, espantosa. Mas, de algum modo, quando o discurso público se torna algo tão aparentemente inócuo quanto usar a bicicleta como meio de transporte, as pessoas reagem vociferando o suficiente para fazer Mel Gibson corar. DJs de rádio defendem a derrubada de ciclistas; participantes da "Massa Crítica[3]" clamam pelo uso das trancas em forma de U das *bikes* para fazer justiça; alguns dizem que os Estados Unidos deveriam seguir o exemplo de países simpáticos às bicicletas, como Holanda e Dinamarca; outros dizem que as bicicletas deveriam ser completamente banidas. E todos, independentemente do veículo que escolhem, relatam suas indignidades pessoais e citam exemplos de motivos pelos quais todos os outros meios de transporte são malignos.

Sim, todo mundo se irrita no trânsito e, numa sociedade em que o racismo já não é aceitável, o preconceito com base no transporte rapidamente preencheu o vazio. Mas existe esperança para o futuro?

---

[3] Em muitas cidades brasileiras, esses eventos também são conhecidos como "Bicicletadas". [N. do E.]

Os ciclistas estão realmente salvando o mundo? Os motoristas estão realmente destruindo-o? Um veículo é realmente melhor do que outro? E será que não podemos deixar de lado nossas pequenas diferenças, dar as mãos e odiar uma coisa juntos e em perfeita harmonia?

Se você quer a versão curta, as respostas para as perguntas acima são: Sim, Não, Não, Depende e Mel Gibson. Eu acredito que, se podemos descobrir uma maneira de chegar ao fim de nosso deslocamento num estado de felicidade, podemos mudar o mundo.

LIVRO I

NO PRINCÍPIO, ERA A IRRITAÇÃO...

REVELAÇÃO:
O PIOR DIA QUE JÁ TIVE E POR QUE ELE ME DEU FÉ NA HUMANIDADE

A maioria dos moradores de Nova York se lembra exatamente de onde estava quando o World Trade Center foi atacado em 11 de setembro de 2001, e eu me recordo de meu exato paradeiro naquela manhã terrível com tanta clareza quanto de qualquer momento em toda a minha vida:

Eu estava no banheiro.

Na verdade, eu não estava no banheiro até o impacto do segundo avião. Estava tendo uma manhã tranquila, sem mídia, e só soube do ataque quando a mulher com quem eu estava casado na época, Tamara, telefonou-me da estrada West Side, em Manhattan. Eu ainda estava em casa, no Brooklyn, e ela estava voltando do veterinário, onde deixara nosso cachorro para retirar um dente. Ela disse que parecia haver um incêndio gigante no centro da cidade e que o trânsito estava uma bagunça.

Nascido na Nova York pós-Robert Moses[4], tenho circulado pela região metropolitana em um veículo ou outro, ou em transporte público, durante toda a minha vida. Uma de minhas primeiras lembranças é de me aproximar de Manhattan de carro, vindo do Queens, olhando para essa impressionantemente impotente, gigantesca paliçada que é a silhueta da cidade e ouvindo meu pai perguntar: "Vamos pela ponte ou pelo túnel?"

É claro que o que ele estava me perguntando era qual o prelúdio que eu preferia. Eu queria o caminho dramático e estrondoso sob as vigas e espirais da 59th Street Bridge se elevando sobre o East River e mergulhando cidade abaixo? Ou queria o zumbido repleto de suspense do túnel Midtown, monótono e aparentemente eterno, o ruído dos pneus como os acordes cósmicos do primeiro movimento da Nona Sinfonia de Beethoven, até subitamente, e sem aviso, explodirmos na luz do dia em meio a arranha-céus, num estouro de metais e tímpanos?

Anos depois, quando comecei a dirigir, meu pai modificou ligeiramente a pergunta: "Você vai pela ponte ou pelo túnel?" Era uma diferença sutil, mas a mudança de significado não poderia ser maior. O que ele estava perguntando agora era: Você vai fazer a escolha certa? Vai pela ponte, que é de graça, mas também um pouco fora de seu caminho, e pode lhe custar uma eternidade parado no trânsito? Ou vai gastar uma preciosa ficha da Autoridade da Ponte e do Túnel Triborough, o que valerá a pena se o túnel estiver vazio, mas que será um sacrifício caro se você acabar engarrafado aspirando monóxido de carbono enquanto um pouco à frente motoristas mais peritos estarão zunindo sobre a ponte, sem pedágio ou obstáculos?

---

[4] Engenheiro norte-americano que teve um importante papel no planejamento do espaço urbano de Nova York. [N. do E.]

Tudo isso é para dizer que venho de uma família "ponte e túnel" e que, assim como um animal selvagem está eternamente preocupado com a fonte de sua próxima refeição, o usuário da ponte e do túnel está constantemente administrando sua entrada na cidade ou seu egresso desta. Vivemos e morremos de acordo com a rota que escolhemos.

Embora a expressão "ponte e túnel" seja usada de maneira pejorativa, a verdade é que Nova York é muito mais do que a sofisticada Manhattan (e agora os bairros revitalizados do Brooklyn): são as pontes e túneis, os trens e os ônibus, e a relação cultural entre a Nova York "cosmopolita" e os bairros residenciais e suburbanos que eles ligam. A rota que eu escolhia não era importante para meu pai por ele ser uma espécie de ditador paternal, microgerenciando minhas idas e vindas; na verdade, ele é bem o oposto e, como pai, era e é sempre paciente e afável. Não, aquilo era importante para ele porque a região metropolitana de Nova York é vasta, movimentada e complicada, e o modo como você circula ali e os meios que utiliza para isso podem ser a diferença entre um trajeto breve e adequado e um percurso interminável e apavorante. E é claro que tudo isso é inútil se você não está familiarizado com o metrô, os trens urbanos, as autoestradas e as vias expressas que cobrem Nova York como um monte de espaguete derramado, bem como com a toalha xadrez que é a rede de ruas por baixo delas. Portanto, assim como o caçador ensina a seu filho a melhor maneira de derrubar um bisão, ou assim como o pescador instrui sobre a melhor forma de fisgar um peixe, meu pai se esforçava para eu me tornar esperto no trânsito, de modo que eu crescesse e me tornasse forte e capaz de lidar bem com nosso ambiente desafiador. Até hoje, ele insiste em saber como vou para o aeroporto e, se estamos seguindo para o mesmo destino, ele me telefona durante o caminho e exulta quando chega primeiro. Ai do

Weiss[5] que for o último a chegar ao *seder*, porque os rápidos serão o orgulho dos pais, enquanto os lentos sentirão apenas vergonha.

Portanto, quando recebi aquele telefonema na manhã do 11 de setembro sobre a fumaça espessa e o trânsito mais intenso, eu ainda não tinha a menor ideia da extensão da tragédia que se desenrolava, já que ainda não havia ligado a TV. Tudo o que eu sabia era que o trajeto de carro para o qual eu dera sinal verde – e que consistia em partir de manhã cedo para Manhattan, pelo túnel, com um cachorro prestes a ser submetido a uma cirurgia dentária, e terminava com um retorno ao Brooklyn no meio da manhã, no sentido oposto ao *rush* – estava agora terrivelmente comprometido. Pensei no tempo desperdiçado no trânsito e no desserviço à tradição de minha família de planejar deslocamentos com habilidade. Na lembrança da tragédia, são as coisas pequenas e tolas com as quais estávamos preocupados imediatamente antes que enfatizam sua enormidade. É como se preocupar com uma torneira que está pingando momentos antes de descobrir que um *tsunami* está seguindo em direção à sua casa.

Depois de orientar verbalmente Tamara a se afastar daquela situação, liguei a televisão para descobrir o que estava acontecendo e em seguida entrei no banheiro, de onde podia ouvir o locutor falando sobre um incêndio no World Trade Center e o que testemunhas estavam dizendo ser um acidente de avião. Então, enquanto eu estava sentado, houve um estrondo, o vaso sanitário vibrou embaixo de mim, a voz do locutor ficou bastante agitada e eu poderia ter rido da situação surrealista daquilo tudo se não estivesse completamente claro para mim que algo realmente horrível estava acontecendo. O locutor já

---

[5] Referência à família do autor, cujo nome verdadeiro é Eben Weiss. [N. do T.]

narrava algo que acontecia no centro de Manhattan, e ali estava eu sentindo aquilo do outro lado do porto de Nova York – através de um vaso sanitário. Agora eu entendia que estávamos sendo atacados, e eu quase fora apanhado literalmente com a calça abaixada.

Segundos depois, eu estava ao telefone novamente com Tamara; ela não conseguira evitar a confusão. Em vez disso, saíra da estrada West Side e estava agora na avenida Greenwich, talvez oito quarteirões ao norte das Torres Gêmeas.

Numa cidade que está passando por uma emergência extrema, não existe veículo mais inconveniente do que um carro, e Tamara percebia isso agora. Inversamente, não existe veículo melhor numa situação dessas do que uma bicicleta; portanto, não precisei pensar em qual seria a melhor maneira de chegar ao World Trade Center. Instantes depois, eu estava sobre minha bicicleta, correndo para a ponte de Bridge. Embora estivesse consciente das sirenes, das turbinas dos jatos e das hélices de helicópteros, só me ocorreu olhar para cima quando cheguei no vão da ponte. E foi aí que vi as torres em chamas pela primeira vez.

Quando eu era criança, em Bayswater, Far Rockaway, bem na periferia da cidade, eu podia ver da extremidade de meu quarteirão a silhueta de Manhattan se erguendo cinzenta do outro lado da baía Jamaica, para além do aterro sanitário, como uma carreira de dentes ruins. A cidade mal parecia real para mim na época – era uma realidade alternativa à distância, como Oz, acessível apenas por aqueles dois buracos de minhoca: o túnel e a ponte. As Torres Gêmeas eram apenas dois anos mais velhas do que eu, e eram sempre o elemento mais visível da paisagem urbana quando eu corria para cima e para baixo pela rua em minha bicicleta. Agora, ali estava eu correndo para as torres enquanto elas incendiavam. Pensei nisso enquanto subia o vão, e em todas as pessoas que estavam morrendo nelas, e comecei a chorar.

Só quando estava descendo o vão foi que encontrei a primeira onda de pessoas chocadas caminhando pela ponte, de Manhattan para o Brooklyn, e me ocorreu, ao abrir caminho entre elas, que eu era o único seguindo em direção à cidade – que, à medida que eu entrava, não estava zumbindo como costumava estar, mas sim num estado paradoxal de letargia e pânico. Chocados, os cidadãos da hora do *rush* caminhavam devagar, tentando conseguir sinal de celular, enquanto pessoas com casacos impermeáveis do FBI corriam por perto, como se aquilo fosse um *set* de filmagens, e caças a jato passavam no alto. Quando finalmente alcancei Tamara, talvez quinze minutos depois de sair de casa, ela estava parada ao lado do carro. Ela e um grupo de transeuntes atordoados estavam simplesmente olhando para o céu. Quando olhei para cima também (pela segunda vez naquele dia), pude ver o que eles estavam assistindo o tempo todo: pessoas saltando dos edifícios em chamas para a morte. Foi a primeira vez que vi alguém morrendo.

Os dias imediatamente após 11 de setembro de 2001 foram caracterizados por um extraordinário senso de boa vontade. Afinal de contas, a maioria de nós jamais testemunhara uma tragédia daquela dimensão, e foi tão imensa que basicamente deu um curto-circuito em nossa suspeita e malícia habitual, de modo que apenas a compaixão ainda funcionava. Em toda parte, pessoas faziam filas de quarteirões para doar sangue, e parecia que cada diálogo entre vizinhos ou estranhos acontecia no espírito de gratidão e respeito mútuos. Numa cidade onde milhões de pessoas se esbarram e disputam espaço todos os dias, é normal que cresça um calo sobre a interação humana, mas a tragédia basicamente o removeu e expôs a bondade fundamental e a humanidade compartilhada que havia por baixo. No fim, as inevitáveis controvérsias e recriminações ressurgiriam e um novo calo se formaria. (Tamara e eu também nos divorciaríamos, e nosso cachorro morreria de causas naturais, e não de terrorismo.) Mas naqueles dias Nova York foi uma utopia de compaixão humana, ainda que com uma cratera de fogo bem no seu coração.

Penso naquele dia o tempo todo – principalmente quando transito pela cidade. Não apenas porque foi a coisa mais terrível, chocante, espetacular e incompreensível que já vi, mas porque, quando estão transitando, as pessoas com muita frequência estão em seu pior estado. Elas gritam palavrões umas para as outras, brigam e até ameaçam alegremente acabar com a vida umas das outras. Mas no 11 de setembro e nos dias que se seguiram, quando vivemos no meio de uma zona de guerra, você não ouvia sequer uma buzina de carro, que dirá um palavrão.

Quando um motorista dá uma guinada na minha direção intencionalmente enquanto estou andando de bicicleta, tento amenizar minha raiva me lembrando que, por baixo do calo, aquela compaixão ainda está ali. Nem sempre consigo, admito, mas esse conhecimento tem me dado força para lidar com muitas situações frustrantes – mais ou menos da mesma maneira que seu trabalho pode parecer um pouco mais fácil depois de você ter uma conversa franca e íntima com seu chefe.

Você pode aprender muito sobre cultura, e mesmo sobre humanidade, examinando o modo como as pessoas circulam por aí e interagem enquanto fazem isso. É quando estamos a caminho de algum lugar para cuidar da nossa vida que toda a amplitude do comportamento humano fica à mostra – tudo, desde a pequena raiva que nos consome quando nos sentimos afrontados até a intensa boa vontade que toma conta de nós logo após uma tragédia. Por mais furiosamente ruins que possam ser nossas interações nas ruas, é essencial saber que essa compaixão é o que está por baixo de nossa frustração. Mais do que leis, uma infraestrutura melhor e mais ciclovias, fazer contato com essa compaixão e ser capaz de disponibilizá-la é o que nos trará a felicidade que tantas vezes nos escapa.

COMUNHÃO ATRAVÉS DO DESLOCAMENTO:
POR QUE TRANSITAR É O PORTAL E BICICLETA A FERRAMENTA

Nossas vidas são uma abstração.

Pense no livro que você está lendo. Você pode estar com uma versão em papel assentada sobre sua barriga, enquanto se entrega a uma rede, bebericando um coquetel servido no coco. Ou talvez esteja recostado em sua poltrona com algum tipo de *e-book*, enquanto um gato lambe seus pés. Pode ser que você esteja com um par de fones, ouvindo uma leitura do livro feita por Ben Kingsley – quer dizer, se as coisas acontecerem conforme espero. (Até agora, Ben não respondeu às minhas mensagens, mas, se estiver narrando-o agora, senhor Kingsley, espero que esteja usando a mesma entonação que usou em *Sexy Beast*.)

Independentemente de como você está lendo, embora eu esteja falando diretamente com você (ou através de meu representante, Ben Kingsley), o próprio fato de você ser capaz de fazer isso mostra o quanto nossas vidas se tornaram abstratas. Há muitos milhares de anos, se eu quisesse compartilhar meus pensamentos sobre ciclismo com você, teria que percorrer todo o caminho até sua caverna e me sentar com você diante de um bisão defumado. Um pouco mais recentemente, eu poderia tê-los escrito em hieróglifos, sobre um pergaminho, para em seguida negociá-los com você em troca de um pouco de índigo ou um gato mumificado que me mantivesse confortável em minha pirâmide na vida após a morte. No século 15, as coisas ficaram muito mais fáceis graças à imprensa de Johannes Gutenberg, embora não houvesse muita procura por livros, já que somente a nobreza podia pagar por eles e apenas dezenove pessoas aproximadamente sabiam ler. Agora, você pega um pedaço de plástico que parece um camundongo, pressiona virtualmente um monte de *pixels* que parece um botão, gasta algum dinheiro no qual não chega a pôr as mãos e, "voa lá" (prefiro "voa lá" do que *voilá*, porque não falo francês), consegue um monte de palavras. (Ou consegue que Ben Kingsley leia para você um monte de palavras – ou talvez um irmão Baldwin mais novo se a coisa com Kingsley não deu certo.)

Além do mais, nossas vidas também são abstratas de várias outras maneiras. A maioria de nós não cultiva, colhe, cria, caça ou mata nossa comida – nós a compramos. Não precisamos ir a nada parecido com uma sala de concertos (ou uma loja de discos, neste caso) para experimentar a beleza transcendente da Nona de Beethoven. E em meio a telefones celulares, computadores, *tablets* e quaisquer outras bugigangas que já tenham sido lançadas no momento em que você está lendo isto, estamos realmente a um aparelhinho portátil de distância de sermos verdadeiramente telepáticos.

Ainda assim, existem certos aspectos fundamentais de nossas vidas que permanecem, se não totalmente primitivos, mais ou menos como eram há milhões de anos, quando descemos das árvores pela primeira vez – ou, se você é um criacionista, quando nos materializamos num jardim no Oriente Médio. (Alguns relatos criacionistas dão à Terra cerca de dez mil anos, o que significa que esta é, na verdade, um pouco mais nova do que a agricultura e a cerâmica.) Apesar da trilha sonora de Barry White, sexo ainda é sexo. Apesar da peridural e dos tratamentos de fertilização, um parto ainda é um parto. E, o que é mais importante para este livro, apesar da grande variedade de rotas e veículos disponíveis, ir de um lugar para outro ainda é ir de um lugar para outro.

Isso acontece porque, por trás de todos os refinamentos, nossas motivações para nos envolvermos nessas coisas e nos sentimentos que elas despertam em nós permanecem essencialmente inalteradas. Sempre sentiremos a impetuosidade do desejo sexual e da excitação e, não importa o quanto seja asséptico e monitorado de perto, o processo do parto sempre parecerá milagroso e terá aquela combinação deliciosamente assustadora de temor e alegria. De maneira semelhante, sempre seremos compelidos a viajar, e nossas jornadas hoje estão repletas das mesmas implicações psicológicas que tinham há dez mil anos, quando Adão e Eva saíram tropeçando do Jardim do Éden e entraram numa espécie de plantação de batatas da Idade da Pedra.

Isso acontece porque cada vez que partimos numa jornada – seja uma viagem pelo mundo ou um simples deslocamento para o trabalho – há sempre a possibilidade de algo inesperado acontecer. É por isso também que quando partimos numa jornada há sempre algum grau de apreensão e temor, mesmo que mal tenhamos consciência disso.

Pense em nossos ancestrais primitivos (ou pelo menos na caricatura deles que estou prestes a criar). Eles saíam de suas cavernas toda manhã em busca de água, carne de brontossauro, macacões de pele de bisão e outras necessidades da Idade da Pedra com uma apreensão considerável, porque estavam se aventurando por um Grande Mundo Selvagem repleto de mistérios e perigos. Clãs inimigos, tigres-dentes-de-sabre e pterodátilos que se lançavam velozes eram apenas algumas das coisas prováveis de encontrar – e isso sem falar em poços de alcatrão, areias movediças, plantas venenosas e libélulas do tamanho de bicicletas reclinadas. É por isso que eles se armavam de clavas, que usavam para se defender de clãs hostis e insetos gigantes, bem como para fazer propostas de casamento, já que o "romance" só foi inventado no primeiro século a.C. (e só foi aperfeiçoado quando Barry White lançou seu primeiro disco solo, em 1973).

Hoje, pouca coisa mudou. É claro que agora temos bicicletas, carros, trens e estradas pavimentadas ladeadas de Starbucks, mas ainda nos aventuramos por um mundo potencialmente hostil e carregamos em nossas cestas e maletas aquela mistura de apreensão e medo. É por isso que a sociedade moderna é muito parecida com a *sitcom*[6] *The Young Ones*, só que com um número infinito de colegas de quarto, e assim que saímos de nossas respectivas camas e entramos na sala de estar compartilhada universalmente que é o Grande Mundo Selvagem estamos à mercê uns dos outros. Nunca há qualquer garantia de que um de nossos colegas de quarto não comerá todos os nossos petiscos, se apossará da TV ou nos atingirá na cabeça com um porrete por algumas risadas e aplausos gravados. É por isso que quase sempre estamos na defensiva quando transitamos. Nunca temos muita certeza de quem estará lá fora ou do tamanho de sua imbecilidade.

---

[6] Abreviatura da expressão inglesa situation comedy ("comédia da situação", numa tradução livre). [N. do E.]

Mais importante: não esqueçamos que absolutamente qualquer coisa pode acontecer conosco lá fora, no Grande Mundo Selvagem, mesmo na jornada mais trivial. Isso é verdade agora assim como era na Idade da Pedra. No 11 de setembro, enquanto eu assistia às pessoas saltando para a morte, tudo que eu conseguia pensar era que a única coisa que aquelas pessoas haviam feito naquela manhã havia sido levantar-se e ir para o trabalho. Elas não eram combatentes, nem políticos extremistas, nem fanáticos religiosos. Não eram pessoas que punham suas vidas em risco por diversão ou trabalho – mochileiros radicais saindo em viagens exóticas despreocupadamente, sem considerar os avisos do Departamento de Estado, ou soldadores subaquáticos partindo para trabalhar em plataformas de petróleo no golfo do México por um adicional de periculosidade. Elas não eram sequer o lendário adestrador de cães César Millán, que provavelmente transita sabendo muito bem que qualquer dia poderá acabar sendo atacado por um lulu-da-pomerânia mimado. No máximo, quando os despertadores dessas pessoas moribundas tocaram naquela manhã, elas pensaram consigo mesmas o que a maioria de nós pensa quando acorda, que é alguma variação de "mesma merda, dia diferente". Elas tomaram banho, entraram em seus carros, embarcaram em trens, abriram suas bicicletas dobráveis e partiram para mais um dia no escritório – apenas para se verem enfrentando não a dura labuta, mas o horror. E pararem sobre um peitoril e decidirem se morreriam no inferno ou se atirariam da janela.

Raramente pensamos conscientemente nessa possibilidade quando saímos de casa de manhã, mas isso vale para todos nós, não importa onde vivamos. As enchentes em New Orleans; os terremotos na Califórnia; os *tsunamis* na Ásia. A diferença entre o trivial e o épico é apenas um pequeno acaso.

É por isso que mesmo um dia aparentemente normal no trânsito pode ser desastroso ou mortal. O teatro do deslocamento é o Grande Mundo Selvagem, o último bastião de interação humana não abstrata e exposição ao potencial ilimitado do acaso. As "bicicletas fantasmas" brancas que vejo por toda a cidade atestam isso. Assim como todos os acidentes de carro nas autoestradas sobre os quais você ouve falar rotineiramente no noticiário sobre o trânsito. Na verdade, eles são tão rotineiros que são esperados, e o noticiário sobre o trânsito os menciona apenas para que possamos nos desviar e ignorá-los. Mesmo numa cidade grande como Nova York, um crime merece ser noticiado, mas uma lesão ou morte durante a hora do rush é pouco interessante – é apenas um "acidente". O trânsito é uma das únicas arenas da vida em que nos dispomos a aceitar a morte repentina pelas mãos de outro ser humano.

Tudo isso é também o motivo pelo qual, em nossa era altamente refinada e abstrata, a simples ação de ir de um lugar para outro é uma das últimas áreas da vida em que um completo estranho pode gritar com outro. Não estou falando de insultos pela internet; estou falando de olhar bem na cara de alguém e chamá-lo de "babaca". Você nunca pensaria em fazer isso numa festa, ou numa sala de aula, ou no trabalho (a não ser que seu objetivo fosse ser demitido de maneira realmente épica e cinematográfica). Você não faria isso num restaurante, ou num supermercado, ou mesmo jogando futebol. Talvez – talvez – fizesse isso num bar, mas só se estivesse realmente bêbado. Mas no trânsito as pessoas fazem esse tipo de coisa o tempo todo, seja atrás de um volante ou atrás do guidão de uma bicicleta. Latimos uns com os outros como cães. Mesmo que uma pessoa esteja dirigindo o ápice da engenharia alemã estofado de couro e outra esteja conduzindo com perfeição uma obra de arte artesanal do North American

Handmade Bike Show, toda essa ação de ir de um lugar para outro é primitiva, e o veículo que escolhemos parece importar mais do que nossa humanidade.

Se algum messias viesse até nós e nos ensinasse como nos relacionarmos uns com os outros com amor e compaixão e nos guiasse para alcançar um plano existencial mais elevado em que o respeito substituísse o conflito e o amor suplantasse a irritação, tenho minhas teorias sobre onde ele chegaria.

Pense nisso: será que esse messias chegaria ao Oriente Médio, onde as guerras religiosas têm sido a norma desde que o *homus* foi inventado? Certamente não – no passado, pretensos messias não se deram bem ali (tome Jesus como exemplo) e não existe motivo algum para pensar que as coisas seriam melhores agora.

Será que ele chegaria a uma nação africana empobrecida, doente e assolada pela guerra? É improvável, já que Bono, Angelina Jolie e George Clooney certamente se ofenderiam com a intrusão e fariam qualquer coisa para expulsá-lo, a fim de que os holofotes continuassem sobre eles. Você quase pode ouvir Bono rosnando com seu sotaque irlandês, enquanto a respiração em pânico do pretenso messias embaçasse seus óculos de inseto humano: "Se é para alguém descer como messias, é bem melhor que seja eu."

Não, se o messias quisesse realmente a atenção de uma pessoa comum, e não quisesse ser crucificado como blasfemo ou perder sua vaga no programa de David Letterman para uma celebridade da filantropia, tenho quase certeza de que ele chegaria a uma cidade da América do Norte na hora do *rush*. Conforme Jesus explicou numa frase memorável, quando foi flagrado jantando com cobradores de impostos, prostitutas, executivos do Goldman Sachs e outros pecadores: "Não é o saudável que precisa de um médico, mas sim o doente." Claro, esse é o tipo de coisa que você pode imaginar um político dizendo ao ser flagrado brincando de "enfermeira travessa" com sua amante, mas, se formos levar a sério as palavras de Jesus, ele apresenta um bom argumento. Existe um motivo pelo qual você não encontra pessoas sóbrias no *Celebrity Rehab with Dr. Drew*. Celebridades perturbadas por drogas rendem bons *reality shows*, e pobres pecadores rendem boas transformações espirituais.

É por isso que a hora do *rush* é perfeita para um messias. Em que outra arena o rico e o pobre, o motorista e o ciclista, o usuário de transporte público e o pedestre estão interagindo, compartilhando espaços e gritando "Babaca!" um para o outro numa cacofonia ensurdecedora?

O messias não vai aparecer num Starbucks enquanto um monte de gente espera pacientemente por seu café com leite. Certamente, esse ser iluminado não surgirá na loja da Apple, onde mal atrairia a atenção de compradores extasiados com as possibilidades criativas do novo iMac ou com a magia do iPad. (De qualquer modo, Steve Jobs monopoliza o mercado de "messias", no que diz respeito aos consumidores da Apple.)

Não, o messias vai aparecer no cruzamento mais movimentado da cidade. Ou ele vai ressuscitar o ciclista que acabou de ser atropelado por um motorista que estava ao telefone celular, ou milagrosamente arrancar uma mulher grávida do chassi retorcido de seu Volkswagen abalroado na lateral, ou simplesmente erguer a mão que faz todos os motores estancarem, paralisa todos os sistemas de transmissão de bicicletas e silencia todos os gritos de "Babaca!", para que, num momento de silêncio que nunca antes presenciamos, nos lembremos de que, o que quer que estejamos fazendo e aonde quer que estejamos indo, todos nós queremos a mesma coisa:

Ser feliz e não ser morto.

Isso é o mais próximo do significado da vida que acho que algum dia chegaremos. Não sei quanto a você, mas para mim é bom o bastante.

Não podemos controlar terremotos ou *tsunamis* ou mesmo ataques terroristas, mas podemos pelo menos exercer algum grau de influência sobre o resto. Não precisamos chamar um ao outro de "babaca" e perder um bocado de tempo que sequer temos para abalroarmos uns aos outros. Claro, acidentes acontecem, mas até que ponto é acidental batermos na traseira de alguém porque estávamos ao telefone celular ou baterem em sua bicicleta porque você estava pedalando no sentido oposto de uma rua de mão única, à noite e sem usar luzes?

Num sentido mais amplo, mudar a maneira como transitamos é realmente a melhor oportunidade que temos para tentar efetuar mudanças para melhor – não apenas evitando "acidentes", mas praticando em geral a compaixão e tratando os outros bem. Mudar a maneira como você transita é mais eficiente do que assinar uma petição na internet, ou comprar um produto e não outro porque é "ecológico", ou mesmo votar num político e não em outro. Nosso deslocamento é a lacuna entre nossas casas e nosso trabalho, nosso divertimento e nossa socialização – todas as arenas em que o respeito mútuo e a compaixão já são (idealmente) a norma – e se podemos preencher essa lacuna com benevolência, em vez de indiferença, podemos embarcar em nosso meio de transporte com entusiasmo, em vez de apreensão, e chegar ao outro lado ainda mais felizes do que estávamos quando começamos. Para isso, não precisamos sequer de ciclovias ou verbas federais ou veículos mais eficientes – podemos fazê-lo usando exatamente o que temos. Acredito realmente que podemos nos transportar para a "iluminação".

TRANSEUNTE ELEITO

E onde é que a bicicleta entra nisso? Bem, acredito que a bicicleta ocupa uma posição única no Grande Mundo Selvagem, assim como as pessoas que a dirigem. Na verdade, posso até ir longe a ponto de chamar os ciclistas de os Transeuntes Eleitos – não porque somos melhores, mas porque temos uma perspectiva importante e ocupamos um ponto de observação crucial, e quando você é capaz de ver algo que os outros não podem ver ou não verão, às vezes é obrigado a fazer alguma coisa por isso. Por exemplo, se você morasse numa casa com vista para um rio e visse alguém despejando substâncias químicas tóxicas ali todas as noites, não precisaria ser um ambientalista para relatar isso, mas apenas uma pessoa decente. Com os ciclistas é a mesma coisa: vemos o que todo mundo opta por fazer, e nossa perspectiva é importante pelos seguintes motivos:

Nós escolhemos a maneira como transitamos

Em sua maioria, as pessoas escolhem seu meio de transporte de acordo com um padrão – usam o carro porque é o que todo mundo usa onde elas moram, ou usam o trem ou o ônibus porque é o que está disponível. Os ciclistas, por outro lado, tendem a transitar de bicicleta porque gostam disso, o que significa que já somos predispostos a nos tornarmos transeuntes benevolentes, uma vez que já entendemos o potencial que nosso meio de transporte tem de nos trazer felicidade. Se você procura a felicidade na maneira como transita, é mais provável que consiga bons conselhos de um ciclista, do mesmo modo que, se está à procura de uma boa padaria, uma boa opção provavelmente é perguntar a um boêmio.

Somos mais lentos que os carros, porém mais rápidos que os pedestres

Quando você dirige um carro, não consegue entender o comportamento de outra pessoa que está no trânsito porque, ou você está passando zunindo por ela ou está preso no tráfego e ela está passando zunindo por você. Mesmo seus companheiros motoristas só existem teoricamente dentro de seus exoesqueletos gigantes, e você só nota realmente outros usuários da rua quando eles estão perturbando você. Por outro lado, quando você é um pedestre, geralmente está ocupando um espaço reservado para o trânsito a pé, portanto praticamente qualquer veículo que viole esse espaço estará sendo pilotado por um maníaco. Os ciclistas, porém, entendem os dois lados. Estamos tanto sendo ameaçados pelos carros quanto ameaçando os pedestres, e também temos que ser cautelosos com esses dois grupos. Assim como os carros, usamos as ruas; e assim como os pedestres, estamos completamente expostos. Somos transeuntes oniscientes.

Ciclistas também dirigem carros e caminham

Está bem, nem todos nós dirigimos carros, mas muitos de nós o fazemos, ou pelo menos já o fizemos uma vez ou outra, produtos que somos de uma sociedade centrada em carros. Também temos uma probabilidade maior de nos sentirmos confortáveis caminhando, já que em geral somos fisicamente mais ativos do que a média dos usuários de carros. Inversamente, muitos motoristas não andam de bicicleta desde que tinham dez anos, e só caminham para entrar e sair de seus carros. Todos nós temos nossas alianças veiculares, mas, de um modo geral, os ciclistas aceitam mais a ideia de uma integração total no trânsito.

Ninguém é como nós

É realmente difícil ter compaixão se você não conhece a sensação de ser antipatizado. Os ciclistas não têm esse problema, porque ninguém gosta de nós. Os motoristas acham que somos uns imbecis convencidos que os atrasam, os pedestres acham que somos transgressores da lei letais, e nem uns nem outros têm muita dificuldade de imaginar o mundo sem nós. Enquanto isso, apenas os ciclistas mais radicais defenderiam um mundo sem carros e pedestres. Neste sentido, somos os que têm mais a perder.

O desafio, portanto, é sermos os melhores ciclistas que pudermos, para nos erguermos acima da natureza primitiva do trânsito e conquistarmos a Última Fronteira da Hostilidade e Indiferença. Ao mesmo tempo, temos também que evitar a armadilha do preconceito veicular, já que este é o único aspecto do trânsito que é abstrato – no caos, reduzimos os motoristas a seus carros e os ciclistas a suas bicicletas. Porém, isso só serve para exacerbar nossa hostilidade mútua, já que divorciar uma pessoa de sua humanidade numa situação primitiva pode ser desastroso. Isso apenas nos afasta mais de nossa compaixão. Sem compaixão não existe empatia, e sem empatia só existe indiferença. Se pudermos nos erguer acima das rixas, acredito que podemos transformar a experiência comum que é o Grande Mundo Selvagem num lugar onde você gostaria de passar seu tempo.

Mas primeiro precisamos de um pequeno histórico.

CONVENCIMENTO

A palavra "convencimento" pode ser definida como "um sentimento muitas vezes injustificado de satisfação com si mesmo ou com as próprias conquistas". Como ciclistas, somos especialmente suscetíveis a essa condição. Existem três principais motivos para isso:

1. O motor da bicicleta é você mesmo.
2. As bicicletas são "ecológicas".
3. As bicicletas são consideradas um meio de transporte "alternativo".

Cada um desses fatores tem, independentemente, o poder de fazer alguém se sentir especial, mas, tendo os três, isso é quase inevitável. Você começa a se sentir como uma espécie de mago todo-poderoso. Isso pode explicar por que tantos ciclistas convencidos cultivam barbas.

O convencimento pode criar raízes em quase qualquer clima, embora assuma características diferentes dependendo das condições. Em Portland, Oregon, onde o clima é úmido e ameno, o convencimento viceja e se manifesta em primorosas bicicletas artesanais, acessórios feitos à mão e constantes passeios temáticos. Em Minneapolis, onde os invernos são rigorosos, os ciclistas expressam seu convencimento transitando em condições miseráveis e exibindo orgulhosamente flocos de neve em suas barbas. E em Nova York o convencimento assume a forma de deixar seu Range Rover nos Hamptons e "portar" seus filhos para a escola particular numa *bakfiets*[7] autêntica, maior do que o apartamento da maioria das pessoas.

Por falar em "portar", esta é uma maneira convencida de dizer "carregar coisas numa bicicleta", e é a suprema expressão do convencimento. As aves inflam suas penas para atrair um macho e os ciclistas convencidos exibem suas cargas úteis para mostrar o quanto são virtuosos e para complementar suas bicicletas de carga caras. Na verdade, em seu cerne, convencimento é fazer o que muita gente faz, só que tornando isso uma grande coisa e gastando um bocado de dinheiro. O grau em que alguém faz isso pode ser expresso em seu "quociente de convencimento", e para determinar esse quociente você simplesmente aplica a seguinte fórmula:

PREÇO DA BICICLETA/PESO DA CARGA = QUOCIENTE DE CONVENCIMENTO

De acordo com essa fórmula, carregar dez quilos de produtos orgânicos numa *bakfiets* de US$ 2.899 resultaria num quociente de convencimento de 289,9 (extremamente convencido), enquanto carregar vinte quilos de lixo reciclável numa *bike* de dez marchas velha e surrada de US$ 25 lhe daria um quociente de convencimento de 0,8 (muito pouco convencido).

---

[7] Bicicleta de carga. [N. do E.]

GÊNESE:
QUEM SOMOS, COMO TOMAMOS ESSE CAMINHO E COMO CHEGAR AONDE PRECISAMOS ESTAR

Assim como um mecânico de automóveis pode saber muito sobre as condições de um motor por meio da cor de uma vela de ignição, ou assim como um arborista pode dizer a idade de uma árvore contando os anéis do tronco (embora isso envolva serrar a árvore, o que de certa forma torna sua idade irrelevante), você pode saber muito sobre nossa sociedade pelo modo como transitamos. A maneira como circulamos e nos comportamos uns com os outros fala muito sobre nós enquanto pessoas. O resumo para estudar isso diria basicamente:

Somos um bando de imbecis impacientes.

Se queremos mudar nossos hábitos malcriados no trânsito e parar de ser pessoas desagradáveis a maior parte do tempo, precisamos primeiro saber como chegamos aqui e entender por que nos tornamos as pessoas que somos hoje. A maneira como transitamos está impressa em nosso DNA cultural, e a dupla hélice desse DNA é uma escada incrivelmente comprida que viemos construindo ao longo de todo o curso da história humana, e que compreende eventos e pessoas, reais e imaginários. Em determinado ponto, a distinção entre fato e ficção se torna irrelevante. Na verdade, em nossa cultura a ficção pode ser *mais* forte do que o fato. Pense nas religiões e nas guerras que estas causaram, ou nas peças de Shakespeare, às quais nos referimos tão facilmente quanto a qualquer ocorrência verdadeira. Nosso DNA cultural é formado por nossa história cultural *completa*.

Para sequenciar esse DNA e descobrir quem somos, precisamos começar pelo início. Mas quando exatamente foi o início? Bem, algumas culturas usam o calendário gregoriano, outras usam o calendário lunar chinês e outras ainda o calendário judaico. Existem até pessoas que não usam calendários e simplesmente vivem o dia a dia, como os *freegans*[8] e os entusiastas da maconha. Prefiro, porém, usar minha própria métrica, e criei um sistema de medição cronológica que todos nós podemos empregar. Livre da bagagem das tendências culturais, esse sistema é chamado de Dachshund[9] do Tempo, e podemos usá-lo para resumir cada época da história humana.

---

[8] Freeganismo é um estilo de vida alternativo baseado no boicote ao consumo, já que os processos produtivos geram exploração de animais e humanos, além de graves impactos ambientais. [N. do E.]

[9] Também conhecido como basset ou salsicha. [N. do E.]

Para começar, vamos voltar aos tempos dos profetas bíblicos, que foram os primeiros a transitar e estabeleceram as tendências morais que muitos de nós seguimos até hoje.

TEMPOS BÍBLICOS

Embora a história humana real tenha começado provavelmente há milhões de anos, quando alguns primatas descobriram como caminhar eretos e usar frases de efeito irritantes, de uma perspectiva cultural ocidental tudo começou no Jardim do Éden, quando Deus fez Adão e prosseguiu fazendo Eva a partir de uma costela supérflua de Adão. Tudo isso aconteceu muito antes de Deus se aposentar, parar de falar conosco e nos abandonar ao nosso próprio destino, o que aconteceu em algum lugar próximo da virilha do Dachshund do Tempo.

As coisas eram muito mais simples na aurora do tempo: enquanto hoje em dia pode-se demorar quase uma semana para conseguir que um par de calças seja lavado a seco, Deus precisou de apenas sete dias para criar o mundo inteiro – e isso incluindo o dia de descanso.

Você provavelmente não ficará surpreso ao saber que o conceito de *marketing* é quase tão velho quanto a própria humanidade. Embora eu aborde isso com mais detalhes mais adiante neste livro, basta dizer aqui que não foi preciso quase tempo algum para que uma serpente astuta persuadisse Adão e Eva com uma maçã reluzente da árvore do conhecimento, e que nesse momento eles se tornaram não apenas os primeiros humanos, mas também o primeiro grupo demográfico de *marketing*, e Deus os expulsou do Jardim do Éden por serem uns otários consumistas completos.

Assim, expulsos do Paraíso, Adão, Eva e seus descendentes foram basicamente amaldiçoados. As pessoas não teriam mais uma existência tranquila, despreocupada e nua num belo jardim repleto de produtos orgânicos de cultivo local. Em vez disso, os homens teriam que trabalhar duramente a terra para alimentar a si próprios e suas famílias, e as mulheres teriam que experimentar a dor excruciante do parto. Mais importante que isso, eles transitariam para todo o sempre, pulando miseravelmente de uma cidade sórdida para outra. Portanto, o padrão foi estabelecido: uma vida de labuta entremeada de muitos deslocamentos (ou, como diziam na época, se arrastando). Neste sentido, comer da árvore do conhecimento foi o pecado do deslocamento original, e desde então estamos pagando por isso.

E a coisa só piorou. Depois de sair do Egito, Moisés e seu povo suportaram um deslocamento de quarenta anos, que começou com uma travessia verdadeiramente épica no mar Vermelho (o que faz a passagem pelo túnel Lincoln na hora do *rush* parecer uma travessia por um pontilhão campestre, com um vestido de verão, numa tarde de primavera). Quando as pessoas se estabeleciam, suas cidades logo se tornavam lugares horríveis graças à expansão urbana, e todos tinham que abandonar suas casas devido à ira de Deus, seguindo para outro lugar a fim de começar de novo. Sodoma, por exemplo, ficou tão mal que as pessoas que viviam ali tentaram violentar um casal de anjos visitantes – o que não era visto com bons olhos mesmo naqueles tempos selvagens. Isso levou Deus a destruir Sodoma, e Ele chegou a transformar a mulher de Lot, Sarah, numa estátua de sal só porque ela se virou e deu uma última olhadinha no lugar.

Mas com certeza o deslocamento que define aquela era foi a viagem de Noé a bordo de sua arca epônima, e até hoje esta continua sendo a mais épica história de deslocamento já contada.

Como a maioria das pessoas sabe, Deus achou que a Terra havia "entornado o caldo" (ou "violentado o anjo", como costumavam dizer na época) e, em vez de consertá-la, Ele decidiu simplesmente varrer

O DACHSHUND DO TEMPO

VELHA GUARDA

VELHOS TEMPOS

TEMPOS BÍBLICOS

NOS BONS TEMPOS

ATUALMENTE

todo mundo numa grande enchente e começar de novo do zero – exatamente como você deve fazer com o disco rígido de seu computador quando ele tem um vírus terrível. Então Deus falou com Noé e ordenou que ele construísse uma arca, a bordo da qual levaria dois exemplares de cada animal do planeta. (O ideal era que fossem pares de macho e fêmea, para que eles pudessem reproduzir, mas a genitália animal pode ser confusa e não se sabe quantas espécies foram perdidas por Noé ter poucas habilidades em termos de sexo de animais.) Neste sentido, a arca era como um disco rígido de um computador portátil e Noé era uma Geek Squad[10] de um homem só, e descarregou ali os arquivos mais importantes de Deus antes de limpar esse computador infestado de vírus que era o mundo.

Assim nasceu o desejo da humanidade por veículos gigantes, porque as instruções de Deus a Noé foram basicamente o primeiro comercial de carro do mundo, e o *slogan* publicitário era:

Grandes veículos são a sua salvação.

Sim, se seu carro é grande o bastante, você estará seguro quando a massa desprezível se afogar. Até hoje, consumidores são atraídos por veículos gigantes e nada práticos, muitas vezes citando o fato de que se sentem mais seguros porque podem ver por cima do trânsito – aquele dilúvio de carros menores que nunca diminui. O que é uma minivan ou um SUV senão uma arca dos tempos modernos? De fato, o Dodge Grand Caravan com um adesivo de cunho religioso no para-choque e uma carga útil de crianças barulhentas é o descendente veicular da arca de

---

[10] É uma subsidiária da Best Buy, corporação multinacional americana de eletrônicos de consumo, com sede em Richfield, Minnesota. [N. do E.]

Noé quase tão certamente quanto a ave é o descendente evolutivo do dinossauro (se eu for longe a ponto de evocar a Bíblia e a evolução na mesma frase). Considerando o fundamento bíblico dos carros grandes, surpreende-me que os fabricantes não meçam seus SUVs em cúbitos e apregoem como argumento de venda que são veículos preparados para o apocalipse que está por vir. É por isso também que os motoristas de veículos grandes tendem a não ter consideração por outros usuários da rua, como os ciclistas – eles são os virtuosos e você, em sua geringonça ridiculamente insignificante, é apenas um pecador incorrigível se afundando num mar de humanidade imprestável.

De qualquer modo, as águas do dilúvio acabaram cedendo e, como um Bill Gates ou Steve Jobs celestial (dependendo de sua visão do mundo), Deus relançou o mundo como "Terra 2.0".

É claro que numa parte bem à frente do traseiro do Dachshund, muitos anos depois, ou muitos profetas depois, ou muitos capítulos da Bíblia depois, Jesus tentou dar uma virada sensacional na coisa do "carro grande" transitando por Jerusalém, de forma memorável, num burro, que poderia ter ou não o primeiro adesivo de "peixe de Jesus" fixado nele. Meio de transporte acessível e de fácil condução, porém lento, o burro era, possivelmente, a bicicleta urbana holandesa da época e, de fato, é razoável acreditar que Jesus poderia ter dirigido uma bicicleta de verdade se a tecnologia estivesse disponível naquele tempo, porque as evidências são claríssimas. Considere o seguinte:

> 1. Jesus tinha barba. Pessoas com barba adoram bicicletas, como fica claro para qualquer pessoa que já foi a um bairro urbano revitalizado ou participou de qualquer tipo de evento de "cultura da bicicleta". Alguns entusiastas das bicicletas reclinadas chegam a ponto de alegar que Jesus teria dirigido

uma reclinada, mas isso é improvável, já que sua barba não tinha comprimento suficiente. Além disso, ele morreu com trinta e poucos anos, extraordinariamente jovem para ter uma reclinada, mesmo para os padrões bíblicos.

2. Jesus foi crucificado em grande parte por ser um cara legal. Tanto na época quanto hoje, autoridades odeiam pessoas de barba que circulam por aí dizendo às pessoas para serem legais umas com as outras, porque as acham intoleravelmente convencidas. Além do mais, a bicicleta vem a ser o veículo mais convencido já inventado, e é por isso que é preferido por pessoas de barba que gostam de dizer aos outros o que fazer. É claro que vivemos em tempos bem mais amenos agora; portanto, em vez de crucificá-las, nós simplesmente as jogamos atrás das grades por participarem da "Massa Crítica", mas a ideia é a mesma.

3. Jesus contou uma parábola sobre um Bom Samaritano. A maioria de nós conhece a parábola do Bom Samaritano, na qual uma pessoa que está transitando ajuda outra que foi deixada morrendo à beira da estrada. Entre os ciclistas, é costume parar e oferecer ajuda quando você vê outro ciclista cuja bicicleta enguiçou ou que parece ter se envolvido num acidente, comportamento este que é quase desconhecido entre motoristas. Se você considerar isso, a barba e o convencimento, é quase certo que o Jesus histórico teria dirigido uma bicicleta.

Não que alguma dessas coisas deva importar – pense nisso – uma vez que Jesus e suas proezas têm sido usados para justificar muitos esforços duvidosos. Ele tem sido usado como fundamento para tudo, desde as guerras religiosas até o ovo com creme da Cadbury. Entretanto, não há como fugir do fato de que Jesus, conforme retratado no Evangelho, parece, de maneira impressionante, um defensor das bicicletas, desde as sandálias até o fato de as pessoas o atacarem por nada mais do que apresentar algumas ideias novas.

De qualquer modo, a era bíblica vai chegando ao fim, Saulo muda seu nome para Paulo, distribui um punhado de epístolas (epístolas são cartas pretensiosas) por toda a região do Mediterrâneo e, assim como Jesus, ele quase certamente teria dirigido uma bicicleta, embora provavelmente tivesse usado um modelo sem marcha e uma bolsa carteiro, já que passava muito tempo distribuindo coisas. Por fim, a Bíblia termina com uma penca de ameaças sobre a chegada dos Quatro Cavaleiros do Apocalipse, que representam o acerto de contas final, ou então o advento da cultura *hipster*, dependendo da pessoa para quem você pergunta.

VELHOS TEMPOS

Conforme avançamos ao longo do Dachshund do Tempo e nos afastamos do rabo em direção ao focinho, deixamos a era bíblica e entramos nos Velhos Tempos. Em grande parte destituídos de milagres e improbabilidades – como mulheres feitas a partir de costelas e pessoas que falam com arbustos em chamas e vivem até os quinhentos anos –, os Velhos Tempos foram uma época bem mais prosaica, em que transitar começou a ficar mais parecido com o entediante estilo de ir e vir que praticamos hoje, só que numa escala muito maior. O deslocamento definidor – e mais desagradável – dessa era ficou conhecido como "As Cruzadas".

Nos Velhos Tempos, as pessoas eram carregadas de bagagem religiosa, graças a tudo o que acontecera (ou supostamente acontecera) nos Tempos Bíblicos. (Parece que elas levavam muitas daquelas histórias a sério demais.) Primeiro, havia o "pecado do deslocamento original" com o qual todos nós nascemos, graças a Adão e Eva. Segundo, havia todas as crenças religiosas diferentes que tinham surgido de interpretações variadas da Bíblia e os conflitos resultantes delas.

Algumas dessas pessoas vinham a ser seguidores entusiasmados do profeta Maomé. Elas transitaram por toda a Ásia e Europa e meio que "gentrificaram[11]" diferentes vizinhanças – embora agora revitalização signifique alugar um apartamento barato e abrir uma loja de discos usados, na época significava chegar com um exército e matar todo mundo que se recusasse a seguir sua religião. Um dos lugares que elas revitalizaram foi Jerusalém, cidade que estava muito em voga na época, uma espécie de Williamsburg, Brooklyn, daqueles tempos – só que em vez de atrair bandas *indie* atraía cultos religiosos.

Enquanto isso, outras pessoas eram seguidoras de Jesus. Eram muito impressionadas com sua atitude amigável, seus milagres, sua barba, seu famoso deslocamento de burro e sua onda *indie* em geral. Essas pessoas se autodenominavam cristãos e, durante cerca de duzentos anos, também viajaram indo e voltando da Europa a Jerusalém – porém, em vez de apenas passear fuçando lojas de discos e se aproveitando do *wi-fi* gratuito dos cafés locais, tentaram matar todos os muçulmanos ou expulsá-los. Uma das maneiras com que os cristãos tentaram se livrar dos muçulmanos foi fazendo um cerco a Jerusalém. Um cerco é quando você impede todas as mercadorias vitais de entrarem na cidade para enfraquecê-la, e o cerco dos cru-

---

[11] Na definição do *Dicionário Aulete* – Gentrificação: Processo de recuperação do valor imobiliário e de revitalização de região central da cidade após período de degradação; enobrecimento de locais anteriormente populares. [N. do E.]

zados a Jerusalém seria como cercar Williamsburg hoje em dia e impedir todos os carregamentos de tinta para tatuagem, todo o café de comércio justo e todas as drogas recreativas. Como você pode imaginar, as consequências seriam devastadoras.

É desnecessário dizer que as Cruzadas – que se estenderam por cerca de três séculos – foram um banho de sangue total. Isso porque os dois lados alegavam ter Jesus a seu favor – embora o próprio Deus, que nos Tempos Bíblicos falava incessantemente, tenha permanecido claramente em silêncio. Além do mais, poder-se-ia argumentar que as Cruzadas nunca terminaram, considerando o terrorismo, o 11 de setembro, a guerra no Oriente Médio e tudo mais. No lado positivo, porém, todo o deslocamento intercontinental para matar levou o comércio a prosperar, graças a todas as pessoas que transitavam entre a Europa e o Oriente Médio, indo e voltando. Isso revitalizou rotas que não eram usadas há muito tempo, e também ajudou a levar a Europa da Idade das Trevas para o Renascimento, conhecido também como o "Woodstock Medieval".

VELHA GUARDA

À medida que nos aproximamos do meio do Dachshund do Tempo chegamos aos tempos da Velha Guarda. Embora coisas como ser proprietário de pessoas, espancar crianças e espancar os outros ainda fossem uma prática comum, graças ao Renascimento as pessoas estavam aos poucos se tornando mais esclarecidas e aceitando certas verdades que hoje nos parecem óbvias – fatos como o de que a Terra é redonda e gira em torno do Sol. É claro que as pessoas comuns ainda pensavam que a Lua era feita de queijo e que um dia a humanidade chegaria ali e a transformaria no maior *fondue* do universo, mas no geral as coisas começam a parecer familiares a essa altura.

POR QUE O MENSAGEIRO É EXALTADO EM NOSSA CULTURA

Nossa cultura não é formada apenas por histórias e tradições judaico-cristãs. De igual importância, se não maior, são as contribuições dos gregos antigos, que nos deram a filosofia, a democracia, os eventos esportivos nus e a epônima salada grega, entre outras coisas. (Eles nos deram até a palavra epônimo.) Consequentemente, também temos muito o que aprender com os gregos antigos sobre a maneira como transitamos hoje. E, embora o Paulo bíblico pudesse ser o primeiro mensageiro de *bike*, é realmente aos gregos antigos que você deve agradecer pelo estudante de pós-graduação em artes liberais de *dreadlocks*[12] que quase o atropela quando você atravessa a rua em seu horário de almoço.

Como qualquer pessoa que viu o filme *Fúria de titãs* original sabe, os gregos antigos veneravam muitos deuses e também eram atormentados por monstros de animação feitos de barro. De muitas maneiras, esses deuses eram personificações de nossas próprias vidas e nossa natureza humana: lá estava Afrodite, a deusa do amor e da beleza; Ares, o deus da guerra; e seu filho Eros, que também era um deus do amor, assim como sua mãe. (Os gregos antigos eram um povo amoroso.) Mais tarde, os romanos também veneraram esses deuses, embora tenham lhes dado nomes diferentes por motivos de marca registrada – Afrodite se tornou Vênus, Ares se tornou Marte, Eros virou Cupido e por aí em diante. Em outras palavras, eles pegaram a mesma ideia básica e a mudaram ligeiramente, como fez a Microsoft com o iPod quando lançou o Zune.

Um desses deuses gregos era Hermes (ou, se você preferir a versão da Microsoft, Mercúrio). Hermes era o

---

[12] Também conhecido como rastafári. [N. do E.]

mensageiro dos deuses e costumava usar botas aladas bem *fashion* e levar mensagens do Olimpo para os humanos. Ele também costumava mostrar aos mortos o caminho para o submundo. Era um cara atlético que gostava de fazer pegadinhas. Além disso tudo, os gregos chegaram a atribuir a Hermes a invenção da lira, o que significa que seu verdadeiro inventor humano, George Lyre, nunca recebeu qualquer *royalty*. E, como se isso não fosse o bastante, os gregos também costumavam fazer sacrifícios a Hermes antes de partir em suas viagens devido à sua natureza ligeira, ao seu senso de direção preciso e a seu *savoir-faire* geral. Agora temos cabines de pedágio e cartões magnéticos para os transportes, mas na época você tinha que queimar um cordeiro antes de encarar o trânsito.

Essa imagem de mensageiro despreocupado, travesso, rebelde, ligeiro e que dedilhava uma lira está tão arraigada em nossa consciência que muitas pessoas continuam a venerá-lo em sua forma atual: o mensageiro de bicicleta. Assim como Hermes, os mensageiros de bicicleta são rápidos, conhecem seu caminho e têm um encanto travesso e intrépido. É claro que a principal diferença é que eles andam de bicicleta, máquinas que os gregos antigos não poderiam jamais ter imaginado. Mas, se o tivessem, é completamente possível que Hermes tivesse optado por uma *bike* em vez de – ou além de – botas aladas.

Estranhamente, porém, essa apreciação do mensageiro de bicicleta não se estende às pessoas que ganham a vida entregando outras coisas de bicicleta. Pense nos entregadores de comida, por exemplo. É tão perigoso quanto entregar envelopes e portfólios de modelos – na verdade, se você pensar, é ainda mais difícil, já que um frango assado ou uma *pizza* geralmente são mais complicados de manusear do que, digamos, um envelope contendo um cheque. Além disso, entregar comida tecnicamente é algo que vai mais "contra o sistema" do que ser um mensageiro de bicicleta. Os mensageiros de *bike* geralmente trabalham para escritórios de direito, empresas de serviços financeiros, corporações gigantes que lucram com a nossa miséria. E para indústrias de moda, anunciantes e publicações sofisticadas que nos fazem uma lavagem cerebral para gastarmos nossos parcos ganhos em porcarias que estão além de nossos recursos. E eles fazem isso por muito pouco dinheiro e nenhum benefício – são praticamente escravos do sistema. Por sua vez, a maioria dos entregadores de comida carrega alimentos nutritivos de restaurantes de proprietários independentes para trabalhadores famintos que estão ocupados demais para cozinhar. Como se não bastasse, os entregadores de comida recebem até gorjetas, enquanto a única gratificação que o mensageiro de *bike* recebe é "vá tomar um banho".

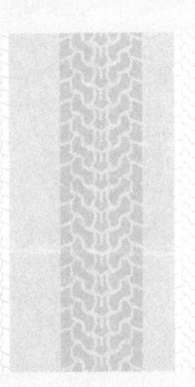

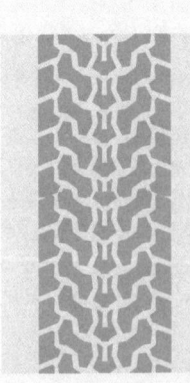

Então por que os mensageiros são *pop stars* e os entregadores de comida são vistos simplesmente como os auxiliares de cozinha da rua? Será porque os mensageiros muitas vezes são pessoas privilegiadas, com um senso de moda apurado e que andam de bicicleta, enquanto os entregadores de comida geralmente são imigrantes que trabalham duro e tendem a não gastar seus salários ganhos com dificuldade em doses de uísque e incrementos em suas tatuagens no braço? Claro que sim, até certo ponto, mas isso é apenas uma pequena parte da resposta. Na verdade, como a indústria de mensageiros está constantemente encolhendo, pessoas brancas e modernas que querem ganhar a vida andando de bicicleta estão cada vez mais migrando para a indústria de entrega de comida. Além disso, em lugares como Portland elas estão entregando não apenas pratos tradicionais, mas também sopa, café de comércio justo, cerveja e até árvores de Natal (obviamente para decorar, não para comer). Empreendedores? Com certeza. Conveniente? Certamente. Convencimento? Sem dúvida. É bacana esse jeito rebelde do tipo "não preciso da sociedade"? Absolutamente não – eu não poderia me importar menos com o que é bacana, mas reconheço isso quando vejo, e não há absolutamente nada bacana em terrinas de sopa.

Não, no fim tudo se resume a arquétipos, Joseph Campbell[13] e nossa consciência coletiva; o simples fato é que nossa consciência coletiva decidiu há milênios que os mensageiros são bacanas. Eles levavam mensagens pelos campos de batalha; compartilhavam os segredos do rei, mas não restritos aos confins físicos da corte; e as pessoas acabavam sublimando sua admiração por eles no deus mensageiro Hermes. Mas não há deus da entrega de comida, e os gregos antigos também não veneravam uma divindade que empurrasse um carrinho de petiscos para cima e para baixo no monte Olimpo. Eles veneravam apenas as pessoas que comiam, como Dionísio, o deus grego dos banquetes, das bebidas e dos festejos autoindulgentes. Claro, isso não fala a nosso favor, mas é assim que somos, e nossa veneração por Hermes e Dionísio ontem resultou em nossa obsessão por mensageiros e celebridades hoje.

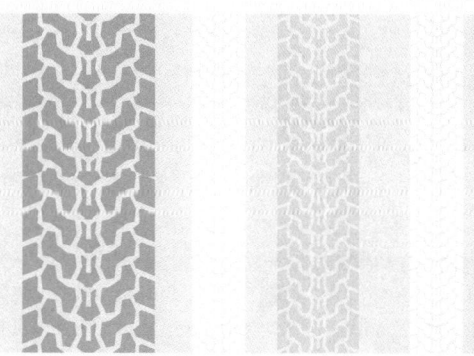

---

[13] Estudioso norte-americano de mitologia e religião comparada. [N. do E.]

Nossa recente compreensão da geografia teve um enorme impacto sobre os deslocamentos, que ainda aconteciam em escalas épicas e banhados em sangue. De maneira mais notável, a era da Velha Guarda foi o tempo dos Grandes Exploradores, que descobriram continentes inteiramente novos – embora o fato de serem novos tenha sido surpresa para as pessoas que já viviam ali há milhões de anos. Também surpreendentes foram todas as bactérias e vírus que os grandes exploradores e suas tripulações levaram com eles, e que exterminaram incontáveis pessoas. Como se isso não fosse ruim o bastante, os exploradores tiveram a audácia de chamar essas pessoas de índios, que é como alguém lhe chamar pelo nome de um primo distante que você nunca viu enquanto rouba sua casa e chuta seu cachorro.

Logo, navios da Europa começaram a ir para esse chamado Novo Mundo e voltar, e os deslocamentos acabaram evoluindo para o "comércio triangular". Sim, as Cruzadas eram *out* e o Comércio era *in*. Esse deslocamento em três direções funcionava assim:

* Os europeus navegavam para a África e trocavam um monte de bugigangas por pessoas humanas reais.

* Em seguida, os europeus iam para o Novo Mundo, onde vendiam as pessoas.

* Por fim, eles se enchiam de mercadorias do Novo Mundo – como rum, açúcar e tabaco – que levavam para a Europa. Ironicamente, essas coisas acabavam matando os europeus da mesma maneira que seus germes matavam os índios, embora mais lentamente – e, na verdade, ainda estão nos matando até hoje.

Assim como as Cruzadas, o deslocamento na Velha Guarda era bastante sofrido, mas, também como as Cruzadas, devemos a isso nosso modo de vida atual, para o bem e para o mal. Mais importante:

o mundo se tornou "menor" do que jamais parecera ser, uma vez que navegando-o inteiramente éramos finalmente capazes de entendê-lo. O mundo já não era uma tábua da qual você cairia se navegasse até muito longe. Além disso, à medida que começamos a compartimentá-lo, e à medida que começaram a surgir diversas classes de pessoas, foi estabelecido o modelo para o tipo de deslocamento que praticamos hoje.

NOS BONS TEMPOS

Quando chegamos Nos Bons Tempos – aquele período pitoresco logo atrás das orelhas caídas do Dachshund do Tempo – o mundo, em sua maior parte, é bastante reconhecível. Os Bons Tempos são um período vital da história da humanidade, porque sem eles não seríamos capazes de fazer outras pessoas se sentirem fracas e inferiores. "Você sabe, naquela época não tínhamos coisas como cinto de segurança e vacinas", diria seu bisavô, pondo rapidamente na boca uma ostra saída diretamente da concha e devorando-a como se fosse uma barra de cereais. Também diferentemente de outros períodos, que são fixos no tempo, Os Bons Tempos são mais subjetivos no sentido de que são basicamente o período anterior àquele em que estamos agora – em outras palavras, hoje + tempo e inconveniência = Nos Bons Tempos.

Não é terrivelmente difícil imaginar como eram as coisas Nos Bons Tempos, já que, entre as histórias de seu bisavô, os faroestes e programas de TV como *Mad Men*, você provavelmente tem uma boa ideia de como era o passado cem anos atrás. A essa altura, todas as explorações e o colonialismo que caracterizaram o período da Velha Guarda haviam sido extintos, em grande parte porque ficamos sem espaços para explorar, colonizar e acabar lutando uns contra os outros – depois disso as pessoas que viviam nessas colônias finalmente decidiram nos chutar para fora.

Ao mesmo tempo, graças à tecnologia as pessoas tinham acesso a vários meios de transporte diferentes: carros, motocicletas, trens, ônibus, helicópteros, aviões pulverizadores, barcos, submarinos, patins *in line* e, é claro, bicicletas. Isso significava que elas já não precisavam morar onde trabalhavam, porque viagens que antes duravam dias agora duravam apenas horas. Esqueça a residência na cidade e a casa de campo: as pessoas podiam trabalhar na cidade e morar no campo, e nem precisavam ser ricas para fazer isso. Podiam ser burgueses sofisticados durante o dia e perambular por seus jardins à noite, tornando-se totalmente bucólicos e preparando carnes numa chama exposta. De repente, otários comuns estavam desfrutando de um estilo de vida urbano e rural que nos tempos da Velha Guarda era domínio exclusivo da nobreza. Fazíamos isso muito bem, e devíamos estar felizes.

Mas não estávamos. Isso porque acabamos nos tornando os reis e as rainhas de nossos próprios reinos em miniatura, que incluíam castelos (casas com pisos em vários níveis), campos esplêndidos (bem, gramados e piscinas), servos (tudo bem, jardineiros e entregadores de jornais) e, é claro, uma frota pessoal de veículos (sedãs, camionetes, minivans e tudo mais). Consequentemente, nossos subúrbios se tornaram colchas de retalhos de feudos, e nos tornamos monarcas e nobres suspeitos e isolados que protegiam ferozmente seus domínios. Também começamos a usar nosso *status* autoatribuído em nossas roupas, em forma de marcas da moda – pôneis de polo bordados em nossas camisetas para evocar os *country clubs*, iniciais de outras pessoas em nossas mochilas e maletas de couro, e logotipos gigantescos em nossos produtos de lazer, como se estivéssemos sendo pagos pelas empresas para apoiá-las.

Mas não estávamos sendo pagos para apoiar esses fabricantes e *designers*. Em vez disso, estávamos pagando para apoiá-los, uma vez que as marcas e os logotipos serviam como bandeiras que agitávamos sobre nossos reinos para exibir aos outros nossa riqueza e sucesso. E quando os fabricantes e *designers* perceberam o quanto estávamos dispostos a pagar para apoiá-los, começaram a pagar agências de propaganda para ajudá-los a levar isso adiante. Assim como os nobres da Velha Guarda se tornavam patronos das artes e, desse modo, asseguravam que seus semblantes fossem reproduzidos em óleo para a posteridade por grandes pintores da época, os fabricantes e *designers* usavam talentos criativos para reproduzir suas imagens em anúncios e no *design* de embalagens. Seduzidos por essa arte, passamos a consumir com desembaraço ainda maior, até o próprio ato do consumo se tornar o equivalente a um ato criativo e nós próprios nos tornarmos a propaganda, e cada coisa que possuíamos tinha um logotipo, um porta-voz e uma narrativa de trinta segundos associada a ela, até nosso papel higiênico.

No entanto, embora nossas circunstâncias fossem bem mais confortáveis e nossos armários de roupa de cama e despensas estivessem cheios de bens de consumo de uma exuberância sem precedentes, ainda éramos as mesmas pessoas miseráveis dos Tempos Bíblicos. Nosso DNA não mudara. Na verdade, éramos ainda mais miseráveis, já que, em vez de nos desfazermos de toda a bagagem da história, continuávamos carregando-a conosco toda vez que entrávamos em uma nova era. Nossa miséria era cumulativa – todas as viagens, os derramamentos de sangue e o comércio de escravos de outrora ainda estavam sobre nossas costas. Além disso, estávamos juntando essa bagagem cultural e a levando para o trabalho e trazendo de volta *todo santo dia*, protegida apenas por um fino verniz de símbolos de *status*.

ATUALMENTE

Carl Jung falava sobre o "inconsciente coletivo" – um segundo sistema psíquico de natureza coletiva, universal e impessoal que é idêntico em todos os indivíduos, conforme ele explicou – e sobre figuras arquetípicas que incorporam nossos anseios, ideais e crenças. De modo semelhante, também temos em comum um "inconsciente de deslocamento coletivo", e este é povoado de arquétipos dos deslocamentos, tais como pecadores banidos do paraíso, cruzados em busca de absolvição por meio da expulsão de infiéis e exploradores subjugadores e nativos subjugados. Os sulcos que cavamos em nossas viagens se tornaram cada vez mais curtos e mais frequentes, mas não menos profundos, e, Nos Bons Tempos, nossa rotina diária havia se tornado esmagadoramente comum, infinitamente selvagem e completamente estigmatizada.

Isso nos leva a Atualmente, o período de nossa história que está ocorrendo, bem, Atualmente. Em essência, estamos vivendo Atualmente, uma versão Ralph-Naderizada[14] d'Os Bons Tempos – a mesma realidade brutal por trás de uma camada protetora de painéis acolchoados, *airbags* e restrições de segurança. Nossas ruas podem ter ciclovias, câmeras escondidas e dispositivos para reduzir a velocidade no trânsito, mas ainda são letais. E transitamos nelas carregados de uma bagagem cultural, histórica, espiritual e emocional que nos faz odiar uns aos outros.

Todo dia, quando partimos em nossas viagens, somos expulsos de nossas casas – nossos Jardins do Éden – e forçados a atravessar um deserto hostil.

---

[14] Ralph Nader, advogado e político norte-americano que se tornou célebre por promover discussões a respeito dos direitos dos consumidores, humanitarismo, governos democráticos etc. [N. do E.]

Todo dia, quando gritamos insultos e ameaçamos uns aos outros, somos cruzados, confrontando outros cujas crenças e veículos são diferentes dos nossos.

Todo dia, quando violamos leis e furamos sinais para chegar ao trabalho na hora, somos imperialistas, arriscando nossa vida e a dos outros para fazer os negócios mercenários do comércio e dos ganhos.

Todo dia, carregamos toda essa bagagem enquanto cavamos os mesmos sulcos, indo e voltando, indo e voltando, fazendo nosso caminho miseravelmente no Grande Mundo Selvagem.

É claro que pode parecer uma alegação ousada dizer que nosso deslocamento é, em essência, uma redução de todas as viagens, interações e crenças da humanidade desde o começo da história até hoje, mas sustento que isso é verdade. Considere o caso *hipsters versus* hassídicos, em que crenças antiquíssimas atravessaram o tempo para afetar o deslocamento moderno.

A história de *hipsters versus* hassídicos

No Williamsburg, Brooklyn, dos tempos modernos existem duas comunidades proeminentes: os judeus hassídicos, que se vestem de preto e têm barba; e os chamados *hipsters*, que se vestem de preto e têm barba.

Na comunidade *hipster*, um dos meios de transporte preferidos é a bicicleta, enquanto os hassídicos tendem a preferir a minivan. Os dois grupos usam seus respectivos veículos na rua principal de Williamsburg, a avenida Bedford – exceto no sábado, quando os hassídicos são proibidos por Deus de dirigir suas minivans. Os *hipsters*, porém, são livres para andar de bicicleta qualquer dia da semana, e a única coisa que o deus deles proíbe é acordar antes das 10h30.

Quis o destino que a avenida Bedford tivesse uma ciclovia, mas isso desagradou aos hassídicos por vários motivos. Em primeiro

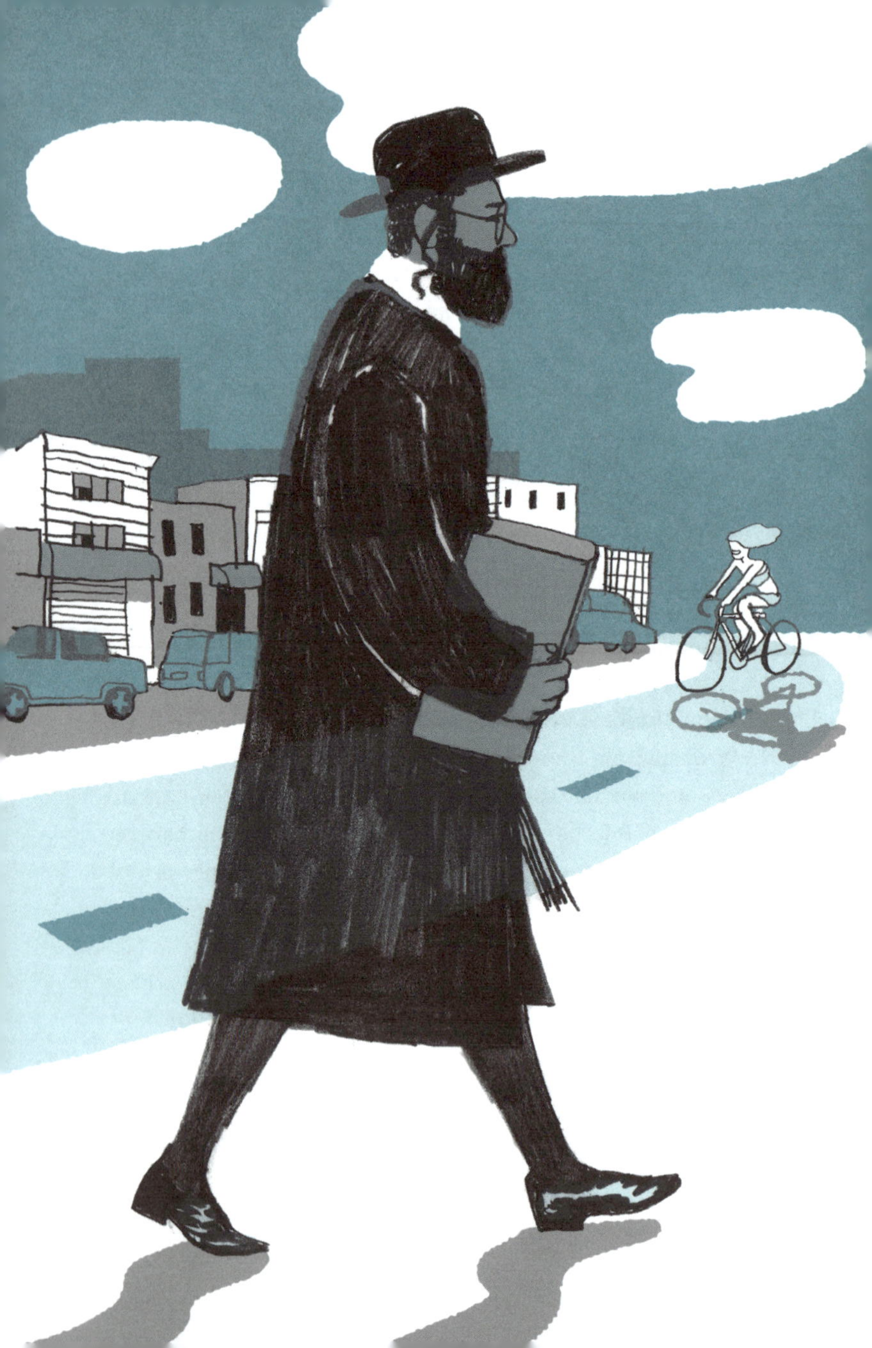

lugar, eles acharam que os *hipsters* que usavam essa ciclovia operavam suas bicicletas de maneira perigosa. Depois, qualquer pessoa que já viu os *hipsters* operando suas bicicletas sabe que isso envolve muitos "cofrinhos" e "pneus" expostos, e esse desfile de carne ofendia (ou possivelmente excitava – o que, se você pensar, é realmente a mesma coisa) os devotos hassídicos, particularmente em seu dia de descanso.

Então os hassídicos fizeram pressão para que a cidade removesse a parte da ciclovia de seu trecho da avenida Bedford, e foi o que a cidade fez no inverno de 2009.

Entre os *hipsters*, houve muitas queixas e muitas roupas sendo rasgadas (e que depois eles venderam por preços exorbitantes porque teriam uma "angústia *fashion*").

"Como vocês ousam tomar nossas ciclovias!", gritaram os *hipsters*. E então, certa noite, sob o manto da escuridão, eles repintaram as ciclovias, gravaram a ação e puseram no *YouTube*, porque na comunidade *hipster* tudo que você põe no *YouTube* é considerado um *Mitzvah hipster* (ou, conforme eles dizem, um "Meh-tzvah").

O vídeo foi muito visto, e a essa altura a mídia noticiosa começou a prestar atenção, porque de repente os dois grupos mais chatos de Nova York estavam se estapeando. Era como assistir ao clube de matemática e ao clube de xadrez brigando no pátio da escola. Além disso, "*hipsters versus* hassídicos" soava bem, e a mídia adora uma aliteração.

Os *hipsters* em suas fixas[15] disseram aos repórteres que já não se sentiam seguros sem a ciclovia, embora aparentemente se sentissem perfeitamente seguros dirigindo bicicletas sem freio.

---

[15] Bicicletas fixas que não têm roda livre, ou seja, os pedais se movem o tempo todo junto com as rodas. Por conta disso, os próprios pedais são utilizados para frenagem, o que faz com que tradicionalmente não precisem de um sistema de freios. Também não possuem marchas. [N. do E.]

Por sua vez, os hassídicos não apareciam diante das câmeras por motivos religiosos, o que só fez frustrar os *hipsters* ainda mais. Então eles retaliaram realizando uma "procissão de funeral" (com direito a palhaços dançando música disco), organizada por um grupo de apoio local, nos restos da ciclovia.

Como os hassídicos se opunham à procissão de "cofrinhos" e "pneus", por que não seriam sensíveis a palhaços dançando música disco?

Surpreendentemente, isso também não funcionou, então um mensageiro de *bike* organizou um passeio de bicicleta nu, só para se assegurar de que algum hassídico que ainda não estivesse ofendido se curasse de qualquer simpatia residual.

Porém, como era inverno, praticamente ninguém apareceu.

Infelizmente, depois disso a mídia se afastou da briga de tapa, que degenerara de intrigante para patética. Pode-se dizer que os hassídicos "venceram", embora se possa também argumentar que foram os *hipsters* que derrotaram a si próprios. De qualquer modo, os *hipsters* podem encontrar consolo no fato de que qualquer vitória que desestimule pessoas sumariamente vestidas de andar de bicicleta pelo bairro é inexpressiva, na melhor das hipóteses.

Então como nos libertamos do peso de nossa história de deslocamentos? A maioria de nós não pode parar de trabalhar, nem se trancar em casa, mas também precisamos parar com as loucuras no trânsito, e a única maneira de fazer isso é largar a bagagem. Temos que levantar as bainhas de nossas calças, montar em nossas bicicletas e declarar: "Eu sou um bobão e não vou suportar mais isso!" Mas também não podemos esperar ciclovias melhores, ou motoristas mais cuidadosos, ou pedestres mais inteligentes. Só podemos efetuar mudanças em uma coisa sobre a qual temos controle total: nós mesmos. Afinal de contas, somos os Transeuntes Eleitos, e mudando nosso modo de transitar podemos fazer com que deixe de ser um sofrimento e se transforme numa alegria. E se nós, ciclistas, podemos transitar com alegria, transformamos esses sulcos de frustração em avenidas de felicidade. Mas primeiro temos que limpar um pouco a casa.

LIVRO II

LEVÍTICO AGORA

O COMPORTAMENTO IRRITANTE DO CICLISTA

Se nós, como sociedade, vamos transcender o preconceito veicular e anunciar uma era de felicidade iluminada nos deslocamentos, como ciclistas precisamos primeiro olhar para nós mesmos e cuidar de nosso próprio comportamento. Depois que pusermos nossa casa em ordem, poderemos partir para o processo mais agradável e gratificante de dizer a todas as outras pessoas o que há de errado com elas. A seguir estão algumas das maneiras mais comuns com que nós, ciclistas, intencionalmente ou não, incomodamos ou ofendemos nossos companheiros ciclistas.

SALMONAR

O salmão é um peixe anádromo que nasce em água doce e vai para o oceano – assim como um *hipster* vai dos subúrbios para Williamsburg, Brooklyn – para depois retornar à água doce a fim de reproduzir – assim como um *hipster* que ao envelhecer retorna aos subúrbios para criar uma família. Esse peixe intrigante é famoso por dois motivos.

Primeiro, o salmão faz uma viagem "épica" contra fortes correntes, às vezes por muito mais de 150 quilômetros, para desovar. Segundo, porque é delicioso, principalmente num pão com queijo cremoso.

Infelizmente, esse peixe querido também tem um primo humano que ao longo dos anos tem causado grande vergonha à nobre família do salmão: o chamado "salmão de *bike*". Assim como o salmão das águas nada contra a corrente, o salmão de *bike* anda de bicicleta contra o trânsito, uma prática conhecida como "salmonar". Porém, enquanto a viagem primordial do salmão aquático é uma brava e comovente demonstração da força da vida que existe em todas as coisas vivas, o comportamento do salmão de *bike* nasce da preguiça e é tanto desrespeitoso quanto repreensível.

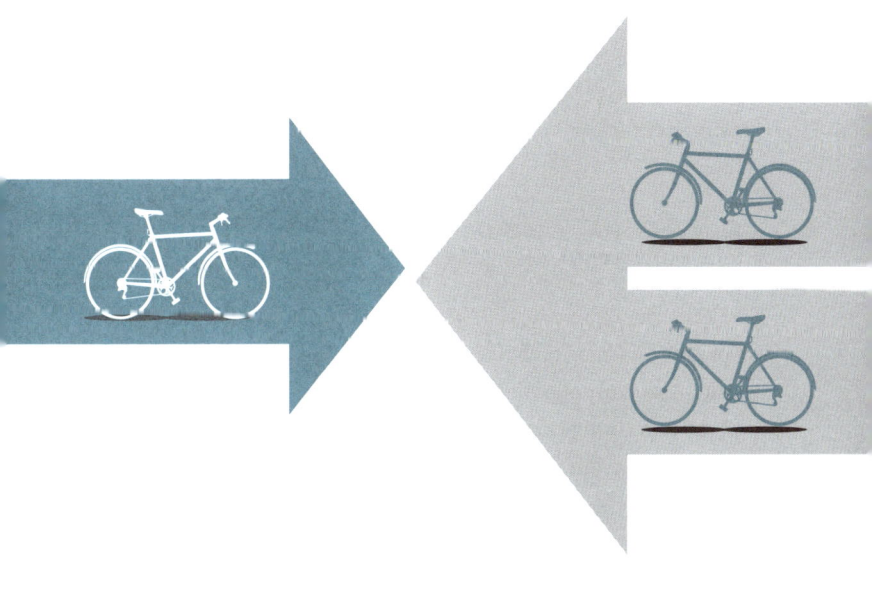

Existem poucas coisas mais irritantes do que andar de bicicleta numa faixa estreita do pavimento, entre carros velozes e a calçada, e se deparar com um salmão de *bike* vindo na sua direção. Furar um sinal vermelho pode ser uma atitude sorrateira ou mesmo imprudente, mas salmonar é errado de um modo que nenhum outro comportamento ao guidão é, no sentido de que as pessoas que fazem isso estão lidando com todo o negócio de pedalar de maneira completamente equivocada. Além disso, o trabalho de tomar cuidado é nosso – ou pelo menos eles acham que sim, e por isso pedalam na sua direção com total confiança, esperando que você simplesmente os desculpe como se eles fossem espectadores que precisassem sair no meio do filme para ir ao banheiro.

Então o que motiva esses *Salmonidae velocipedae*? Bem, às vezes é ignorância e muito de vez em quando é uma emergência, mas em geral é simplesmente o fato de que eles não podem passar pelo incômodo de dar a volta no quarteirão. Porém, certos ciclistas veteranos calejados falam de uma área de procriação de salmões de *bike* onde eles vão desovar. Ali, as pessoas andam de bicicleta, caminham e até falam ao contrário, e vou lhe poupar dos detalhes sobre como eles fazem o coito, mas fazem ao contrário também. (Dica: isso envolve aquelas carícias depois do sexo.)

Embora eu esteja inclinado a rejeitar isso como sendo um mito, pode ser que seja para ali que todos os salmões de *bike* estejam indo, e isso certamente explicaria toda aquela expressão vaga e apática em seus olhos.

A BARRA

Na natureza, uma barra é uma faixa de areia longa e estreita formada por depósitos deixados por correntes oceânicas – basicamente um banco de areia. No ciclismo, uma barra é o que se forma num cruzamento, quando os ciclistas fazem uma fila invertida, ou uma "barra", nos sinais vermelhos. "Barrar" e "salmonar" têm em comum o fato de serem, em essência, ao contrário, mas as semelhanças terminam aí. Embora um ciclista possa barrar você, são necessários muitos deles para formar uma barra de verdade.

Eis como a barra funciona. Digamos que você está à espera num sinal vermelho. Acima de você está o semáforo, à sua frente está a faixa de pedestres e atrás, o trânsito. Logo, outro ciclista chega. Porém, em vez de parar atrás de você, o que é a base de todas as outras formações de fila na sociedade ocidental moderna, ele passa por você e para na sua frente. Em seguida, *outro* ciclista chega e para na frente *dele*, e assim por diante. Logo, essa formação de infame humanidade se estende por todo o cruzamento, embora geralmente virada para a esquerda ou para a direita, dependendo da direção do tráfego perpendicular, exatamente como uma barra natural se estende pela água e segue a direção da corrente. Numa cidade densamente povoada como Nova York, uma barra de tamanho decente, com cinco ou seis ciclistas, pode se formar em questão de segundos. Porém, como um bando de pombos lutando por metade de um biscoito recheado, as barras de bicicletas são efêmeras, e geralmente se dispersam logo que ocorre um intervalo no trânsito longo o bastante para todo mundo furar o sinal, ou quando os ciclistas são obrigados por um caminhão ou um ônibus urbano a se dispersar.

Embora eu deteste formar barras, muitas vezes fico maravilhado com a barra em si, mais ou menos do mesmo modo que odeio ser picado por abelhas mas acho seus favos de mel fascinantes e gostosos. Observar barras se formarem no meio de uma rua movimentada e se curvarem como um caule de trigo arqueado pelo vento no campo pode ser estranhamente relaxante. Ainda assim, a audácia de alguém que acha que pode parar à sua frente e ficar ali é quase tão enlouquecedora quanto o salmão de *bike*.

Você passaria à frente de alguém que está esperando para usar um caixa eletrônico?

Você assumiria uma posição na frente da fila ao empurrar seu carrinho de compras para a caixa registradora?

Você se aproximaria em silêncio de uma pessoa num banheiro público enquanto ela estivesse usando o mictório ou o vaso sanitário e ficaria ao lado dela, tentando compartilhar?

Certamente não – a não ser, é claro, que você seja um senador americano.

Então por que fazer isso com um companheiro ciclista num sinal vermelho?

Além do mais, diferentemente de outros comportamentos irritantes de ciclistas, a barra não é domínio dos afobados ou de pretensos corredores. Tenho sido barrado por todo tipo de ciclista que você possa imaginar: pais transportando crianças, homens idosos, mulheres idosas e até moças de vestido de verão com um cachorrinho na cesta. Todos esses são tipos de pessoas amáveis e íntegras que jamais roubariam seu lugar no caixa eletrônico ou desapropriariam seu mictório, mas que se sentem perfeitamente confortáveis para cortar você no trânsito. Outra coisa que eles têm em comum é que são *lentos*, o que significa que quase sempre você acaba tendo que contorná-los assim que o sinal fica verde. Às vezes, porém, os mais rápidos lhe alcançam no sinal seguinte e barram você de novo, repetindo o ciclo enlouquecedor. Vi o mesmo ciclista de fixa me barrar cinco vezes seguidas, e me atrasar cada uma das vezes enquanto lutava para encontrar os pedais a fim de recomeçar a pedalar. Você com certeza pensaria que em determinado momento ele pararia atrás de mim, pelo menos para poupar a si mesmo do constrangimento.

CORRIDAS

Muita coisa na vida depende do contexto. As corridas de bicicleta, por exemplo. É claro que corrida de bicicleta significa pedalar rápido, mas também é muito mais do que isso. Em sua forma mais competitiva, conforme manifestada em corridas como o Tour de France, pode ser cativante, emocionante e até bonita. As táticas, as descidas em alta velocidade, o intenso sofrimento nas subidas terrivelmente íngremes... tudo isso conspira não apenas para criar um evento esportivo monumental mas também para articular a natureza humana e nosso desejo inato de transcender o sofrimento, nosso ambiente e nós mesmos.

Porém, quando você transfere a corrida das encostas do Alpe d'Huez em julho para a ciclovia local, já não é espetacular; é uma imbecilidade.

Entretanto, nas ruas e ciclovias das cidades dos Estados Unidos e de outros lugares, ciclistas insistem em disputar corridas no trânsito com seus companheiros, muitos dos quais estão apenas cuidando da vida deles, não percebem que estão sendo desafiados e, de qualquer modo, sequer estavam procurando uma corrida. Isso acontece porque muitos ciclistas reagem a outros da mesma maneira que operárioa de construção reagem com um assovio a uma pedestre atraente: com uma explosão hormonal que lhes diz "vamos lá". Como resultado, simplesmente andar de bicicleta em alguns lugares pode fazer você se sentir como um cavalo constantemente incomodado por moscas, e isso pode levá-lo a desejar ter um rabo amarrado a uma tranca em U para afugentá-las.

De um modo geral, os corredores do trânsito (ou corredores "Cat 6" ou "ruatletas" – ou, quando atacam você numa subida, os "Tolo Pantanis") exercem sua arte covarde de duas maneiras.

A Olhada

Todos os fãs do ciclismo se lembram da "olhada" do Tour de France de 2001, quando Lance Armstrong se virou para trás e lançou um olhar desafiador sobre seu arquirrival Jan Ullrich como se dissesse: "Nem pense nisso. Não tenho a menor intenção de dar o braço a torcer durante o Tour até 2010, quando farei isso de maneira espetacular."

Desde então, "a olhada" se tornou um elemento básico do corredor do trânsito, que identifica um adversário (e por adversário quero dizer "qualquer pessoa em cima de uma bicicleta"), ultrapassa-o e lança sobre ele aquele olhar ferino que significa apenas uma coisa no mundo dos corredores: "Vamos ter uma briga de tapa imbecil no trânsito."

Quando isso acontece com você, pode ser tentador aceitar o desafio, mesmo que seja apenas por você querer apagar imediatamente 'a olhada' na cara de seu desafiador, mas é sempre melhor simplesmente deixá-lo ir (em geral, mas nem sempre, é "ele"). Não apenas isso é mais digno como você também poderá rir quando ele se erguer sobre o guidão com toda a força, perder o controle sobre a roda da frente e acabar no chão.

O suga-roda

Alguns pretendentes indesejados são agressivos, como os caras de "Night at the Roxbury", em *Saturday Night Live* (ou seus predecessores, os "Wild and Crazy Guys"), atacando suas presas com um bombardeio de frases baratas ("Quer brincar com meu pinhão?"). Outros ficam à espreita e, em vez de tentar se envolver com o objeto de desejo, apenas o seguem silenciosa e perversamente. Isso é mais insidioso e, como qualquer pessoa que viu *Atração fatal* ou *Mulher solteira procura* sabe, muito mais perigoso.

"Sugar roda" é uma maneira não consensual de andar na roda[16] do outro, e que envolve se aproximar sorrateiramente por trás de alguém e ficar ali, e isso é perseguição no mundo do ciclismo. Diferentes corredores do trânsito têm diferentes motivos para andar

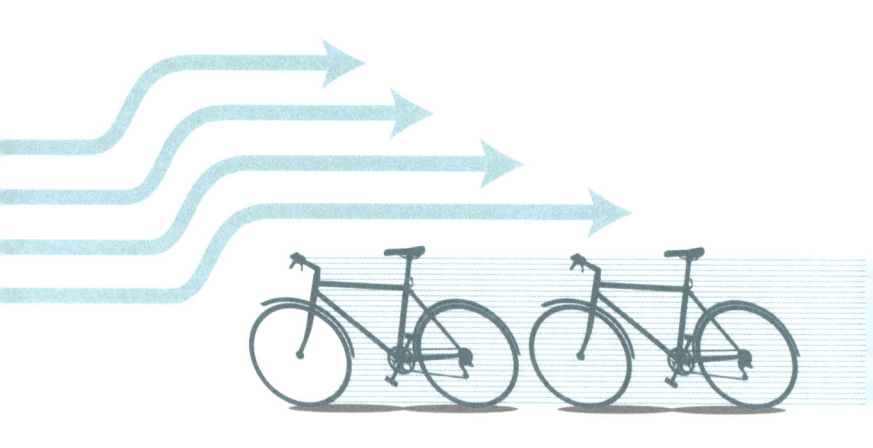

---

[16] Ficar poucos centímetros atrás de outro ciclista para se proteger do vento, o que facilita o avanço. [N. do T.]

no vácuo: alguns querem provar que podem alcançá-lo, outros querem uma carona e estão simplesmente se posicionando para que no momento oportuno ultrapassem você e lancem "a olhada". Mas, qualquer que seja o motivo, sugar roda é uma péssima ideia.

Numa corrida de bicicleta de verdade, os ciclistas esperam que alguém ande na roda deles; faz parte do esporte, portanto eles estão agindo de acordo. Além disso, sabem que as pessoas com as quais estão pedalando têm a habilidade necessária para colar neles. Porém, quando você é um suga-roda anônimo, não há como saber o que sua vítima fará – pode ser que ela esteja sob efeito de LSD, o que significa que poderá frear subitamente ao ter uma alucinação em que verá um gnu coberto de tinta fazendo uma dança *hippie* no meio da rua. Da mesma forma, se é a sua roda que está sendo sugada e algo realmente saltar à sua frente (como um gnu pintado – ouvi dizer que esse tipo de coisa às vezes acontece em Berkeley), obrigando-o a parar em pânico, você também não deveria ter que levar em conta o suga-roda anônimo que está na sua cola. Assim como é inaceitável dirigir muito próximo ao carro da frente, sugar a roda é inaceitável quando se anda de bicicleta.

É claro que todos nós andamos de bicicleta por motivos diferentes. Alguns de nós pedalamos para nos divertir, outros para ficar em forma e outros ainda porque é prático. Na verdade, muitos de nós pedalamos por todos esses três motivos. Considerando isso, é natural que algumas pessoas optem por transitar mais rapidamente do que outras – e não há nada de errado nisso, contanto que elas façam isso em segurança e sem arrebanhar participantes involuntários para sua encenação. Também não há nada de errado em usar outro ciclista como uma espécie de "coelho mecânico" que dita o ritmo. Porém, a diferença entre fazer isso e realmente competir com a pessoa é a violação de espaço envolvida; é a mesma diferença entre admirar uma estranha à distância num metrô lotado e se aproximar e ficar se roçando no corpo nela. Disputar corrida no trânsito é o roça-roça anônimo do mundo do ciclismo.

CIRCUNDAR

Vale notar a esta altura que grande parte dos comportamentos irritantes no ciclismo tem um análogo no mundo marinho. Existe salmonar, existe a barra e existe também "circundar". Este último acontece quando, num cruzamento, um ciclista fica circundando outro, comportamento este também exibido por membros da superordem *Selachimorpha*, coloquialmente conhecido como "tubarões".

A imagem da barbatana dorsal de um tubarão circundando uma vítima inocente é amplamente considerada o aviso de um ataque iminente, graças a filmes como *Tubarão*, que foi para os tubarões o que Long Duk Dong foi para os asiáticos em *Gatinhas e gatões*. Na realidade, porém, os tubarões circundam objetos porque são curiosos e porque precisam se manter em movimento para sobreviver. Tenho certeza de que isso não lhe confortará nem um pouco na próxima vez que você se vir cercado por um grande tubarão branco. A verdade é que nos sentimos ameaçados quando somos circundados – principalmente por criaturas de dentes afiados.

Claro, é uma tolice esperar que um tubarão mude seu comportamento simplesmente porque os humanos tendem a interpretá-lo mal. Em primeiro lugar, os tubarões fazem isso desde os tempos pré-históricos, e é difícil abandonar hábitos antigos; e, em segundo lugar, durante lições de etiqueta os tubarões tendem a ficar impacientes e arrancar braços com uma mordida. Os humanos, por outro lado, são consideravelmente mais evoluídos, o que torna o fato de eles tenderem a circundar ainda mais irritante. Explicando de maneira simples, temos cérebro muito maior que o dos tubarões e deveríamos saber das coisas.

Então o que impele um ciclista a circundar outro num sinal de trânsito? Bem, assim como o tubarão precisa se manter nadando, o ciclista precisa se manter pedalando para sobreviver – ou pelo menos é essa a ilusão que muitos deles parecem ter. Isso acontece porque poucas sensações são mais agradáveis do que o movimento para frente que você faz aparentemente sem esforço sobre uma bicicleta, e então alguns ciclistas relutam em "descer" – o sinal vermelho é como uma enfermeira ameaçando nos retirar do aparelho que goteja morfina e nos arrancar de nossa onda narcótica. Portanto, em vez de simplesmente parar e esperar, algumas pessoas ficam andando em círculos – e, se por acaso você estiver esperando o sinal abrir, elas ficarão pedalando em círculos à sua volta.

O problema, porém, é que isso é tanto grosseiro quanto intimidante. Se você está parado numa plataforma de trem e uma pessoa começa a andar em círculos à sua volta provavelmente você evitará o contato visual com ela, apanhará discretamente seu celular e ligará para a polícia. Mas que recursos você tem num sinal vermelho quando um ciclista impaciente o está circundando como uma espécie de satélite de imbecilidade? Assim como o surfista circundado por um grande tubarão branco, tudo o que você pode fazer é olhar para frente, manter o predador em sua visão periférica e tentar não se mexer.

Existem apenas três situações em que circundar é socialmente aceitável:

1. O objeto que você está circundando é inanimado e você está pensando em comprá-lo (tal como um carro ou um sofá).
2. Você tem cinco anos de idade e está brincando de "Corre Cotia".
3. Você é uma bola de Espirobol.

Se nenhuma dessas situações se aplica, tome seu lugar no fim da fila.

Por fim, vale a pena observar que circundar tem um análogo na bicicleta sem marcha, que, é claro, é o *trackstand*, ou o ato de se equilibrar sobre os pedais com a bicicleta parada. Diferentemente dos ciclistas de bicicletas de roda livre, os ciclistas de fixas não se importam em parar, uma vez que o *trackstand* lhes permite saborear o sistema de transmissão livre e deixar que os outros ciclistas saibam que você está pedalando uma bicicleta sem marchas e, portanto, é inerentemente superior. O que os fixeiros se importam em fazer, porém, é pôr os pés no chão, o que no mundo das fixas é um sinal de rendição. Então eles fazem *trackstand* e, em vez de parecerem tubarões, parecem cães apontadores que localizaram um faisão à distância.

Além disso, para ter o máximo de visibilidade (não para eles, mas para que os outros possam vê-los em suas bicicletas), os ciclistas de fixas muitas vezes fazem *trackstand* bem na ponta das "barras".

EQUIPAMENTOS ABAIXO DO PADRÃO

Existe certamente muito esnobismo no ciclismo, e mesmo para transitar pela cidade as pessoas tendem a dar atenção demais a suas bicicletas e seus trajes. Ao mesmo tempo, porém, é importante manter alguns padrões, principalmente quando deixar de fazer isso tem um custo para a segurança de seus companheiros ciclistas. No mundo dos veículos a motor, inspeções obrigatórias ajudam a servir a esse propósito, mas no mundo do ciclismo precisamos (e devemos) nos autopoliciar.

Provavelmente a área mais negligenciada da bicicleta é também a mais importante: os freios. Essa negligência assume duas formas:

1. NEGLIGÊNCIA ATIVA: Entre os adeptos das bicicletas sem marcha, pedalar sem freios ainda está na moda, por incrível que pareça. Isso significa que o resto de nós precisa ter cuidado com os ciclistas que não conseguem reduzir a velocidade quando suas correntes saem do lugar, ou cujos pneus traseiros sucumbem àquela derrapagem fatal e que vêm descendo velozes e descontrolados pelas ladeiras, rodando sobre puro metal como resultado.

2. NEGLIGÊNCIA PASSIVA. Ainda preciso realizar um estudo formal, mas eu estimaria que mais ou menos quarenta por cento das pessoas que usam bicicletas apenas como meio de transporte andam com um ou ambos os freios *v-brakes* soltos. Isso porque a maioria das *bikes* vendidas em lojas de departamento como a Walmart é equipada com *v-brakes*, que são montadas com total desinteresse. Entretanto, é uma coisa simples prender seus *v-brakes*, e deixar de fazer isso é como caminhar com a braguilha aberta, exceto pelo fato de que deixar de puxar o zíper de sua calça não o levará a ser atingido por um carro. É claro que as lojas de departamento não oferecem exatamente muitos serviços ao cliente quando lhe vendem uma bicicleta, mas ignorância não é desculpa. Se os clientes da Walmart podem descobrir como fechar suas calças, podem descobrir como prender seus freios.

Outro exemplo extremamente comum de equipamento abaixo do padrão é a iluminação – ou, mais precisamente, a completa falta desta. Por algum motivo, muitos ciclistas práticos parecem não ser capazes de instalar qualquer tipo de luz em suas *bikes,* ou não quererem fazer isso, preferindo circular desengonçados e invisíveis à noite, como ninjas bêbados e de pés tortos. Mais frustrante ainda é que muitos ciclistas sem luzes também gostam de adotar comportamentos como salmonar, o que significa que tendem a se materializar apenas quando é tarde demais. E talvez ainda pior do que o ciclista sem luzes é o ciclista que sofre de "dislexia de luz", o que ocorre quando ele usa uma luz vermelha na frente e/ou uma luz branca atrás e, como resultado, você não tem a menor ideia da direção em que está indo. Eu me deparo regularmente com salmões de *bike* disléxicos de luz quando ando por aí, e o efeito é desorientador o bastante para desencadear lembranças de LSD. É como assistir a um mímico andando na escada-rolante no sentido contrário.

ADMINISTRAÇÃO DE FLUIDOS CORPORAIS

Quando se faz uma atividade física, é importante manter as vias respiratórias limpas. É por isso que atletas com frequência utilizam práticas de purificação dos pulmões, como "arremesso de secreção", bem como métodos de nasoexpressão, como tampar uma narina para assoar pela outra e um "foguete de meleca" se expele do nariz numa explosão de névoa e muco.

Infelizmente, muitas pessoas realizam esses atos sem se certificar de que não há ninguém atrás delas. É claro que soltar um foguete de meleca é uma técnica eficiente e aceitável para se livrar de um suga-roda, mas, devido ao fator névoa, pode causar também inconveniências e náuseas a ciclistas que estão pedalando atrás a uma distância segura e respeitosa. E obrigar alguém a pedalar em meio à nuvem de seu muco não apenas é nojento como também é anti-higiênico, e ninguém deveria ter um resfriado ou uma gripe só porque um "Cat 6" teve que assoar o nariz.

Portanto, se você não aproveitar mais nada deste capítulo, que seja isso:

Olhe antes de assoar.

AFUGENTANDO UM SUGA-RODA

Assim como muitos ciclistas no trânsito, fui vítima de suga-rodas mais vezes do que poderia contar. Quando quero despachá-los, simplesmente me afasto para o lado e reduzo a velocidade, obrigando-os a passar. Em geral isso é suficiente, mas às vezes não funciona e preciso perguntar: "Você se incomodaria em não ficar na minha roda?" Mesmo assim, muito de vez em quando isso não é o bastante e eles insistem que têm o direito de continuar violando seu espaço pessoal. É aí que você percebe que está lidando com um lunático e precisa recorrer a medidas desesperadas, como jogar preguinhos atrás de você ou despejar óleo na pista.

Às vezes, porém, o inesperado acontece.

Era o início de uma noite fria de outono e eu estava pedalando do trabalho para casa por uma ciclovia num bairro revitalizado do Brooklyn quando, de repente, percebi um zumbido que parecia vir de algum lugar que não eram meus pneus ou o sistema de transmissão. Baixei a cabeça e olhei para minha bicicleta a fim de me assegurar de que tudo estava funcionando bem, e estava. Foi quando me dei conta de que ou havia adquirido algum tipo de suga-roda ou estava sendo seguido por um gigante de calça de *nylon*.

Por algum motivo, sempre me recuso a virar imediatamente quando suspeito que estão sugando minha roda. Em vez disso, tento fingir por algum tempo que isso não está acontecendo, da mesma maneira que você provavelmente tenta fingir que o homem adulto sentado ao seu lado no avião não está tendo uma conversa psicossexual bizarra com uma boneca Barbie. Até que acabo me reconciliando com a presença do suga-roda e me preparo para finalmente realizar as manobras evasivas que descrevi acima.

Dessa vez, porém, foi diferente, por causa daquele zumbido. Bicicletas não emitem zumbidos como aquele, e isso era muito perturbador para mim. Com hesitação, olhei sobre o ombro. Não vi nada imediatamente, mas então, por um breve momento, uma mão voou para dentro de minha visão periférica. Olhei para frente de novo, assustado. O que foi isso?!?

Talvez fosse um gigante com calça de *nylon!*, pensei aterrorizado.

Mais uma vez, olhei sobre meu ombro e a mesma coisa aconteceu: uma mão balançando ritmicamente para dentro e para fora de minha visão. Que tipo de suga-roda terrível seria esse? Finalmente, dei aquele "olhar firme sob a axila" dos corredores de *bike*, e foi quando vi as botas.

Minha roda estava sendo sugada por um patinador, e o zumbido era de suas rodas sobre o pavimento.

Reduzi a velocidade. Acelerei. Recuei. Nada o tirava do lugar. Em pânico, pulei o segundo passo (a coisa de "Você se incomodaria em não ficar na minha roda?") e – tenho vergonha de dizer – perdi a calma. Parei no sinal seguinte e lhe disse com raiva para parar de fazer o que estava fazendo. Pode ser que isso tenha incluído também uma palavra com "F", e não foi "fugir". Isso o confundiu e ele não conseguiu entender como eu podia me opor ao que ele estava fazendo.

"Você pode bater em mim!", expliquei. "E se eu parar?"

"Não se preocupe", reagiu ele com arrogância. "Sei o que estou fazendo."

Isso me deixou ainda mais irritado. É claro que ele acha que sabe o que está fazendo. Esta é a definição de um idiota: achar que sabe o que está fazendo. Sei disso porque também sou um idiota e já causei todo tipo de calamidade pensando que sabia o que estava fazendo. Destruí componentes de bicicleta girando-os ao contrário com uma força tremenda durante várias horas. Tentei girá-los na direção oposta? É claro que não – eu sabia que devia virar daquele lado. A alternativa nunca passou pela minha cabeça.

Mais importante: mesmo que ele soubesse o que estava fazendo, o que isso tinha a ver comigo? E se alguém se aproximasse discretamente de você no metrô e começasse a cortar seu cabelo? Imagine dizer a ele para parar e ouvi-lo responder: "Não se preocupe, sei o que estou fazendo." Explicando de maneira simples, independentemente do quanto a *expertise* de alguém seja considerável, eu não deveria ter que lidar com isso se não estou envolvido com isso.

Tentei transmitir isso com muito menos exemplos e muito mais palavras com "F", e continuei explicando que, embora esse tipo de comportamento possa ser aceitável na comunidade de patinadores, era inaceitável entre ciclistas.

"Não, não é", rebateu ele. "Faço isso com ciclistas o tempo todo e eles nunca reclamam."

Fiquei chocado. Como era possível que eu não tivesse ouvido histórias sobre esse suga-roda em série de patins? Como não o havia encontrado antes? Sobretudo, como era possível que ninguém reclamasse? As pessoas gostam realmente disso? Em seguida, procurei concluir o diálogo dizendo que ele deveria ser mais respeitoso, porque alguém poderia se incomodar.

"Eu sei como lidar com isso", assegurou-me ele, enchendo o peito. "Sou de New Jersey. Sou das ruas."

Eu ri. Claro, New Jersey tem algumas ruas assustadoras, mas se esse cara com rodas nos sapatos era de Newark, então eu era o sultão de Bahrein.

A partir daí a conversa diminuiu e nós dois seguimos nossos caminhos separadamente, mas até hoje começo a suar frio toda vez que ouço zumbido de calça de *nylon*.

O COMPORTAMENTO IRRITANTE DO MOTORISTA COM O CICLISTA

Para fazer parte de uma sociedade, é preciso muitas vezes afastar a descrença e aceitar uma mentalidade coletiva. Pense em Lady Gaga: somente uma ralé completamente disposta a se render a bobagens poderia achar que ela ou sua música são interessantes. Pense também em nossa mortalidade. Quer dizer, independentemente de perdermos a vida no trânsito ou em paz, na cama, aos 95 anos, todos nós vamos morrer. É garantido.

Por que, então, sequer nos importamos em cuidar de nossas vidas, trabalhando, dando duro, pagando impostos, vendo filmes estúpidos, contando centavos e, em geral, criando confusão por coisas de pouca importância? Certa vez, vi Steve Winwood num *show*, minha nossa! (em minha defesa, eu estava sob pressão) – e foram duas horas de minha vida que jamais repetirei. (Sei que continuarei a lamentar esse dia, mesmo em meu leito de morte, quando provavelmente serei assombrado pela melodia de "Roll with It".)

Considerando isso, não seria mais saudável nos conformarmos com nossa mortalidade desde o começo? Não tomaríamos decisões melhores se o fizéssemos apenas de uma perspectiva de gerenciamento do tempo? Em vez de ler sobre as proezas de Lady Gaga, passaríamos mais tempo com nossos entes queridos. Em vez de ver Steve Winwood faríamos... bem, nada. Não deveríamos começar tirando toda essa coisa de mortalidade de nosso caminho no jardim da infância e cantando musiquinhas infantis sobre como todos nós morreremos?

Bem, na verdade já cantamos – tome como exemplo "Ring Around the Rosie"[17]:

Ring around the rosie
A pocket full of posies
Ashes! Ashes!
We all fall down![18]

Como se vê, muita gente diz que essa canção aparentemente inócua é, na verdade, um vestígio mórbido da Peste Negra. Supostamente, o *"ring around the rosie"* (*"anel em volta do rosado"*) se refere às erupções na pele que indicavam a peste e eram um sinal de morte certa. E a parte sobre as cinzas (*ashes*) se refere à cremação de corpos infectados.

---

[17] Cantiga de roda infantil, equivalente ao nosso "Atirei o pau no gato". [N. do E.]
[18] Em tradução livre: Anel em volta do rosado/Um bolso cheio de ramalhetes/Cinzas! Cinzas! Todos nós caímos! [N. do T.]

Divertido!

Portanto, realmente pensamos em nossa mortalidade, só que fazemos isso de uma maneira meio cor-de-rosa, e a sublimamos em cantigas infantis assustadoras, *"death metal"*, revistas em quadrinhos e outras coisas que nos permitem festejar a inevitabilidade de nosso fim sem termos de confrontá-lo diretamente. Trata-se de um equilíbrio delicado lembrar que nosso tempo é finito para não o desperdiçarmos demais, mas manter uma negação suficiente para não pararmos de nos importar completamente.

Claro, nem sempre entendemos esse equilíbrio delicado de maneira totalmente correta, e às vezes somos dominados pela negação, como fica evidente na maneira como circulamos por aí. Com certeza precisamos de carros, mas eles também são mortais. Só nos Estados Unidos, quase meio milhão de pessoas morreram em carros desde o início do século 21. Isso é quase a população inteira de Portland, Oregon. Tente imaginar os Estados Unidos sem Portland. Só a perda repentina das barbas devastaria a indústria da estética pessoal e provavelmente nos mergulharia em outra grande depressão.

Considerando isso, é quase absurdo não apenas que o carro tenha se tornado o meio de transporte dominante hoje, mas também que outras maneiras de circular por aí – bicicleta, transportes públicos e caminhar – sejam consideradas "transportes alternativos". Sim, na maior parte da América do Norte o ato de caminhar é realmente considerado "alternativo", o que seria uma grande surpresa para seus avós profundamente antiquados.

Imagine encontrar um visitante de outro tempo – muito antes de os carros ou as bicicletas vagarem pela Terra – e explicar a ele que você deve usar um capacete ao andar de bicicleta, mas não ao andar de carro.

"Espere aí, tenho que usar um capacete nesse velocípede, mas não nessa máquina da morte veloz e feita de ferro?!?"

"Bem, sim."

"Por quê?"

"Ah, para você se proteger dos carros."

"Você quer dizer que as pessoas das máquinas da morte batem nos ciclistas também?"

"Claro, batem em tudo."

"Então por que não vou usar um capacete quando estiver perambulando pela calçada? O mundo enlouqueceu? Tenho que voltar ao meu tempo e avisar aos outros!"

De fato, ele estaria certo, porque o mundo realmente enlouqueceu, e isso devido à nossa capacidade de ignorar seletivamente a morte. Então qual é a resposta? Livrar-se dos carros? Absolutamente não, eles são muito convenientes. Não precisamos tirar os carros das pessoas, ou mesmo restringir o acesso a eles.

Não, a resposta é voltarmos a fazer contato com o fato de que os carros são mortais e largarmos a negação assim como temos que largar nossa bagagem cultural e histórica. Isso pode ser bastante difícil num mundo onde o carro é o meio de transporte padrão, um mundo que equipara o carro a responsabilidade, praticidade e sucesso, e onde os fabricantes de carros proclamam o quanto eles são seguros, e não o quanto podem ser mortais.

De maneira mais egoísta, temos que nos lembrar de como se dirige um carro sem matar um ciclista, o que não é difícil. Pedalar não é tão perigoso assim, mas se os motoristas pudessem nos deixar em paz seria irrisoriamente perigoso. Se você é ciclista e motorista, provavelmente já está familiarizado com os erros seguintes. Se é um motorista que não pedala, eis os comportamentos que deve abandonar.

O GANCHO DE DIREITA

Existe uma regra tácita entre os motoristas que é a de que, ao ver um ciclista, você tem que ficar à frente dele o mais rapidamente possível. Aparentemente, a tensão e o pânico aumentam exponencialmente sempre que o motorista fica atrás do ciclista e, portanto, ou ele pisa no acelerador para ultrapassar na primeira oportunidade, ou simplesmente recorre à buzina para que o ciclista assuma seu lugar de direito, no fim da fila (ou na calçada). E nas raras ocasiões em que um motorista é paciente o bastante para esperar o momento oportuno de ultrapassar, os motoristas atrás dele, obrigados a reduzir a velocidade, metem a mão na buzina (meter a mão na buzina é o equivalente dos tempos modernos a atirar tomates e outros restos em alguém numa praça pública, e a maneira predominante em nossa cultura de manifestar desprezo).

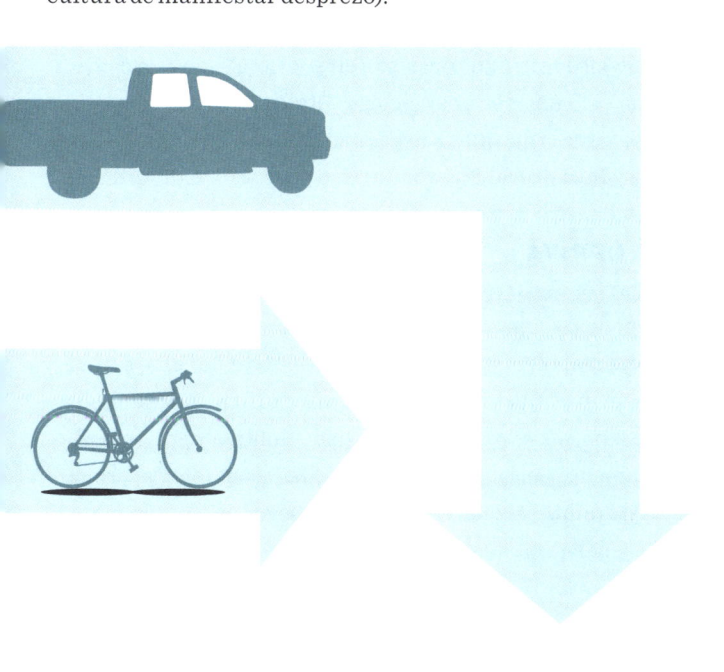

Numa rua reta, esse comportamento serve principalmente para enfurecer o ciclista – porque, na maioria das vezes, depois que o motorista passa, ele e o ciclista acabam parando no mesmo sinal vermelho, o que torna irrelevante toda a manobra desumanizadora. Porém, quando isso acontece num cruzamento, muitas vezes resulta num acidente e pode até ser mortal, sobretudo quando ocorre na forma de "gancho de direita".

O gancho de direita ocorre quando um ciclista está indo reto num cruzamento e o motorista atrás dele vai virar à direita. Numa situação normal com dois carros, o motorista atrás de você jamais aceleraria para passar por seu carro e depois virar – isso seria o equivalente a ultrapassar alguém numa escada rolante e parar ao chegar ao topo para que a pessoa que você acabou de ultrapassar acabe roçando em você. Porém, se o carro à frente não é um carro, mas sim uma odiada bicicleta, bem, deixe o roça-roça começar. O que o motorista faz nessa situação é acelerar, passar e virar à frente do ciclista, naturalmente provocando uma colisão. E é claro que a pessoa que suporta toda a dor e humilhação resultante desse ato estúpido de comédia-pastelão é o ciclista.

A PORTA À DERIVA

É incrível quantos ferimentos sérios e mortes poderíamos evitar se as pessoas aprendessem alguma coisa com todos aqueles episódios dos *Três Patetas* e dos desenhos animados dos *Looney Tunes*. Por exemplo, graças a esse tipo de programa, a maioria das pessoas compreende que, quando se abre uma porta subitamente sem prestar atenção, uma pessoa apanhada de surpresa geralmente leva uma forte pancada na cara (quase sempre a pessoa apanhada de surpresa está carregando uma bandeja de chá ou outro objeto igualmente frágil, para efeito cômico). Isso é algo que compreendemos mesmo quando somos crianças. Porém, por algum motivo, as pessoas parecem se esquecer disso assim que tiram suas carteiras de motorista, pois logo que entram num carro começam a abrir a porta repentinamente, como se o interior do veículo estivesse se enchendo rapidamente de uma flatulência tóxica e elas precisassem sair dali imediatamente para salvar suas vidas.

É claro que, assim como nos desenhos animados, quando elas fazem isso geralmente alguém bate em cheio na porta – embora não seja um mordomo azarado, mas sim um ciclista inocente.

Acho que, num certo nível, posso entender por que alguns motoristas fazem isso. Quando você está num carro, está num ambiente bastante controlado – tem sua trilha sonora graças a seu aparelho de som, tem a temperatura amenizada graças a seu ar-condicionado e tem sua bebida favorita aninhada com segurança no porta-copos. Então, depois de usar o assistente de estacionamento para entrar naquela vaga, você reúne seus bens pessoais – luvas, celular, livro de bolso – e sai desse ambiente com a mesma confiança que ao sair de casa de manhã para trabalhar. Porém, de um modo geral, você pode abrir a porta da frente de sua residência com tanta confiança quanto lhe aprouver, já que, a não ser que sua casa seja subitamente transportada por um tornado para o meio de uma rua movimentada, no estilo *Mágico de Oz*, não existe a possibilidade de haver um monte de gente andando para lá e para cá bem na frente dela. Na pior das hipóteses, talvez você surpreenda o carteiro.

Mas, como seu carro parece uma extensão de sua casa, é fácil esquecer que, diferentemente de sua casa, seu carro não é um componente mais ou menos permanente da paisagem. É, na verdade, um hóspede no mundo externo – aliás, um hóspede um tanto incômodo e intrometido. É o famoso elefante na loja de cristais, ou a pugilista profissional do grupo de tricô, ou o bêbado da degustação de vinhos. Por mais sofisticadamente equipado e caro que possa ser, em termos veiculares é um pateta desajeitado.

Portanto, faça um inventário de seus arredores antes de sair do carro. Saídas intempestivas são para telenovelas e pessoas melodramáticas.

VADIANDO, PERDENDO TEMPO OU, DE ALGUM OUTRO MODO, DEMORANDO

Todos nós fazemos breves pausas em espaços públicos para cuidar de alguma questão pessoal, seja amarrar os sapatos, levantar a calça ou atender a uma chamada no celular importante naquele momento. A imagem do pedestre num momento ocioso é tão antiga quanto a própria cidade – um investigador particular de capa de chuva encostado num poste e acendendo um cigarro, um grupo de pessoas conversando numa varanda num dia quente e até mesmo um sem-teto urinando disfarçadamente numa cabine de telefone são parte integral da personalidade, do charme e do aroma único de qualquer cidade.

Porém, mesmo o mais rotundo de nós não está cercado de toneladas de motor de combustão interna, chapas metálicas e assentos abundantemente estofados para até oito pessoas – quer dizer, a não ser que estejamos dirigindo nossos carros. Você poderia pensar que as pessoas teriam mais consideração ao rebocar toda essa cintura excessiva, mas na prática isso não acontece. Com certeza, é relativamente raro (mas não desconhecido) ver motoristas à toa em varandas, mas ruas, faixas de pedestres e, é claro, ciclofaixas são lugares comuns onde os motoristas gostam de parar e dar uma mordida naquele combo promocional da lanchonete, ou engrenar uma conversa ao celular com pessoas que não são importantes o bastante para telefonar de casa. Sentar-se num automóvel extravagantemente caro e ficar no caminho das pessoas é o tipo de comportamento que você poderia esperar de um magnata da virada do século, mas, inexplicavelmente, em nossos tempos modernos isso se tornou uma prática padrão.

No que diz respeito ao que isso afeta os ciclistas, falando objetivamente, um motorista bloquear a ciclofaixa ou ciclovia é uma das infrações de trânsito mais benignas. Diferentemente do gancho de direita ou da porta de fliperama, há tempo de sobra para evitar o obstáculo. Porém, de uma perspectiva puramente simbólica, a posse indevida da ciclofaixa é provavelmente o gesto mais provocador que um motorista pode fazer para um ciclista – é quase como sair do veículo e urinar no símbolo de bicicleta pintado na rua. Existe algo profundamente exasperador em se aproximar de um veículo a motor numa ciclofaixa e ser obrigado a contorná-lo, só para ver uma única pessoa ali dentro ninando um celular nos recessos das dobras de gordura de seu pescoço e jogando conversa fora.

DIRIGINDO DISTRAÍDO

Como membro do cobiçado grupo demográfico de 18 a 64 anos das campanhas de *marketing*, tenho idade suficiente para me lembrar da época anterior aos telefones celulares. De fato, era uma época mais simples, e muitas vezes penso com carinho naqueles verdes anos da mocidade, em fins do século 20. De algumas maneiras, por um breve período vivemos um momento cultural ideal – nossas TVs eram coloridas, nossos canais a cabo eram muitos e tínhamos a maioria dos aparelhos eletrônicos que temos hoje, mas ao mesmo tempo os vídeos de música ainda não tinham perdido lugar para programas melosos como *American Idol* e *Glee*, e, como sociedade, nossos celulares ainda não estavam nos rebocando pela genitália.

Agora, como pessoa não Amish do século 20, que não faz parte do grupo demográfico de *marketing* de mais de 75 anos que está envelhecendo e, portanto, não é cobiçado, e que vê coisas como celulares e iPads com aquela estranha mistura de assombro, fascinação, confusão e medo abjeto, passo tanto tempo manuseando meu celular quanto membros do grupo demográfico pós-puberdade do *marketing* passam manuseando uns aos outros e a si mesmos. Além disso, não tenho a menor intenção de desistir de meu celular – você terá que arrancá-lo de minhas mãos frias e inertes. Infelizmente, há uma boa chance de você *ter* que arrancá-lo de minhas mãos frias e inertes, porque é só uma questão de tempo para que eu seja atropelado por um desses idiotas que estão sempre usando o celular enquanto dirigem.

Se você transita nas ruas há algum tempo, pode ser que tenha notado o modo como um número cada vez maior de motoristas vagueia em esquecimento bovino, e se espiar por suas janelas notará que quase sempre eles estão ao telefone. Às vezes, estão segurando o telefone com o queixo e parecem gatos quando fazem aquela coisa de ficar lambendo o próprio peito; outras vezes, o aparelho está no colo e eles estão usando-o com os dedos, como símios examinando seus montes púbicos à procura de piolhos. Mas, de um jeito ou de outro, o telefone está sempre ali, e se tornou a raiz de quase todo o mal dos motoristas.

É claro que em muitos lugares existem leis que proíbem esse comportamento, mas também há leis que proíbem cuspir, e qual foi a última vez que você viu alguém sendo processado por isso (fora de Cingapura)? Infelizmente, pode ser que seja impossível livrar o mundo do uso de telefone celular em movimento, e leis contra isso podem acabar parecendo tão esquisitas quanto esses antigos estatutos que não permitem cuspir. Nossa única esperança pode ser a de que a tecnologia venha em nosso socorro e implantes cerebrais substituam os celulares, e todos nós começaremos a nos comunicar por telepatia auxiliada por *firmware*. Nesse novo e arrojado futuro, aquelas chamadas feitas sem querer, quando o telefone está no bolso, serão substituídas pela situação de esquecer acidentalmente de desconectar e, com isso, compartilhar suas fantasias sexuais mais perversas com todo mundo de sua lista de contatos mental – mas pelo menos será muito mais seguro dirigir. Talvez.

Enquanto isso, podemos pelo menos nos esforçar para não fazer isso. Se você pode se abster de uma estimulação autoerótica quando está dirigindo, pode se abster de usar o telefone celular.

O COMPORTAMENTO IRRITANTE DO CICLISTA COM O MOTORISTA

A tragédia inerente à prática do ciclismo é que os motoristas que não pedalam nos odeiam, mas somos claramente as vítimas nessa relação. Carros matam, enquanto bicicletas, na maioria das vezes, apenas irritam. Porém, isso não significa que às vezes não tratemos mal nossos opressores, ou que está certo fazer isso. Para realmente nos despojarmos da bagagem da Consciência Coletiva no Trânsito e nos tornarmos transeuntes iluminados no dia a dia, precisamos ser compassivos, e é claro que é difícil ser realmente compassivo, porque existem poucas coisas mais difíceis do que amar seu inimigo.

Mas, como ciclistas, o ônus está sobre nós, uma vez que, como Transeuntes Eleitos, estamos um passo mais próximos da iluminação do que todas as outras pessoas. Não devemos desprezar a ideia de que o ciclista abusa do motorista da mesma maneira que não devemos rir de Lionel Ritchie porque sua mulher o espanca. Não há nada divertido na agressão conjugal, mesmo que os papéis sexuais estejam invertidos. Além disso, o cara compôs "Hello" e "Dancing on the Ceiling," então tenha algum respeito. Sim, os motoristas podem ser o Lionel Ritchie nessa relação, mas isso não significa que seja aceitável tratá-los mal.

Então como um ciclista age mal com um motorista? Isso não seria quase impossível, assim como um escravo tratando mal seu amo, ou como o mundo sendo dominado de repente por rinocerontes-negros ou pandas gigantes? Não exatamente. Porém, é extremamente difícil um ciclista prejudicar um motorista de maneira ativa. Agredir fisicamente quando se está pedalando e, digamos, bater num carro ou chutá-lo de raiva é, definitivamente, uma coisa ruim de se fazer, mas, falando de maneira objetiva, é improvável que isso resulte em muitos danos. É claro que em nossa sociedade as pessoas tendem a levar pequenos arranhões tão a sério quanto ferimentos a faca, mas realmente, no contexto de toda a miséria e maldade humanas que resumi anteriormente, bater em alguém que está seguro dentro de um exoesqueleto de metal simplesmente não é tão ruim assim.

O que é ruim, porém, é o que chamo de "ataque passivo". Isso é muito pior do que gritar ou colidir, e ocorre quando um ciclista põe um motorista numa posição de não ter que matá-lo.

Olhe, sabemos que lá fora há motoristas que não pedalam e nos odeiam, e sabemos até que alguns deles são dementes a ponto de quererem nos causar danos. Mas em sua grande maioria eles são pessoas como nós. Querem viver e deixar viver. Querem apreciar comidas deliciosas, aconchegar animais de estimação adoráveis, assistir a programas divertidos na TV e fazer privadamente coisas estranhas que os levam a inventar desculpas elaboradas quando vão ao médico depois de ficar com algo alojado dentro deles. Eles não querem causar danos a si mesmos (bem, danos sérios) nem aos outros.

Na verdade, embora as pessoas tenham ataques de raiva, e embora sejamos todos produtos de gerações e gerações de miséria cumulativa, nosso modo padrão numa situação de emergência ainda é agir para preservar os outros. É por isso que, se você está dirigindo um carro e alguém aparece de repente correndo de bicicleta na sua frente, depois de furar um sinal vermelho, você mete o pé no freio sem sequer pensar. Isso porque estamos programados para não matar.

Porém, o problema é que, depois de fazermos isso, a raiva com frequência se instala, e isso porque percebemos uma coisa: essa pessoa quase me fez matá-la! A maioria de nós tem sorte o bastante para passar pela vida sem ter o sangue de alguém nas mãos, e para nunca ter de se digladiar com a culpa e a dor de ter ferido seriamente ou matado alguém. Esta é talvez a coisa mais desagradável que a maioria de nós pode imaginar. Portanto, quando uma pessoa quase nos leva a matá-la por fazer algo incrivelmente estúpido – como furar um sinal vermelho – isso pode nos deixar com muita raiva. Furar o sinal é um "ataque passivo".

É possível atacar passivamente um companheiro motorista quando você também está dirigindo, mas é muito mais fácil atacar passivamente alguém num carro quando você está pedalando. Na verdade, existem subculturas inteiras de ciclismo baseadas nisso – assista àqueles vídeos de bicicletas sem marcha fazendo *bombing hill* que todo mundo está postando na internet e você verá pessoas atacando passivamente motoristas o dia inteiro. Se você não sabe bem o que é *bombing hill*, trata-se basicamente de descer um morro a toda velocidade, e nos últimos tempos tornou-se particularmente popular fazer isso numa bicicleta de corrida sem freios. Existem poucas visões mais enlouquecedoras do que assistir a um *hipster* desembestando freneticamente morro abaixo e se lançando diretamente no trânsito, num ataque passivo de sublime imbecilidade, e derrapando desesperadamente como um cachorro correndo e tentando se livrar de um cocô pendurado no traseiro. Se isso parece estúpido para ciclistas, imagine como um motorista que não é ciclista interpreta.

Como pessoas, dependemos da piedade e do bom senso como modo padrão para preservarmos uns aos outros em situações de emergência – esta é a pequena apólice de seguro embutida na humanidade, e é realmente o único motivo pelo qual ainda não nos destruímos totalmente. Porém, aproveitar-se dessa piedade incorporando-a a um jogo, ou usá-la para sustentar um vídeo em que você está se fingindo de indefeso em nome do estilo (*bombing hill* com uma roupa descolada) é roubar boa vontade. E, quando você surrupia constantemente pedacinhos da boa vontade alheia, essas pequenas fraudes se transformam em cicatrizes de ressentimento.

Isso é uma justificativa para todo mundo pensar que os ciclistas são esquisitões e fracassados.

PEDESTRES: ENTENDENDO A IDIOTICE BÍPEDE

Há mais ou menos quatro milhões de anos, o primeiro de nossos ancestrais peludos dispensou a locomoção sobre os nós dos dedos e começou a andar ereto. Momentos depois, esse homem-macaco progressista quase certamente estava vagando distraidamente e caiu num poço de alcatrão enquanto roía uma coxa de frango. Este foi o primeiro pedestre.

Se você transita de bicicleta numa cidade cheia de gente, pode ser fácil considerar os pedestres como sendo os mais estúpidos e menos preparados para a sobrevivência entre todos aqueles que circulam pelas ruas. Eles surgem de repente entre carros estacionados; lançam-se por vias públicas movimentadas como no Frogger[19]; furam sinais de trânsito como flechas. Às vezes, sequer parecem humanos, mas sim copos de café e telefones celulares flutuando sinistramente, com grandes aglomerados de matéria orgânica presos a eles.

Os ciclistas, em particular, gostam de reclamar dos pedestres. Isso porque, apesar de toda a falta de noção, os pedestres temem os carros e se submetem a eles. Porém, eles tendem a olhar através dos ciclistas, como se estes fossem seres insubstanciais que não podem atingi-los, como aquelas criaturas aquáticas que mudam de forma em *O segredo do abismo*.

Assim como os esquilos, os guaxinins e outros animais que são candidatos potenciais a serem mortos por veículos em estradas, os pedestres humanos, na verdade, muitas vezes parecem não ter qualquer instinto de preservação, possuindo, em vez

---

[19] Jogo cujo objetivo é dirigir sapos para suas casas, um por um. Para fazer isso, cada sapo deve evitar os carros ao atravessar uma rua movimentada e navegar em um rio cheio de perigos em tempo limitado. [N. do E.]

disso, o que Freud chamou de *thanatos*, o instinto de morte. Como nova-iorquino, estou bastante familiarizado com os pedestres imprevisíveis; lamento dizer que já colidi com um pedestre uma vez, quando estava indo para o trabalho de bicicleta, embora felizmente ninguém tenha se ferido.

Foi numa daquelas manhãs de verão agradáveis que fazem você desejar poder passar direto por seu local de trabalho pedalando, continuar em frente até bem além dos limites da cidade e ficar o dia inteiro estendido numa praia ou saltitando no bosque com os potenciais animais mortos por veículos na estrada. Eu estava passando por TriBeCa, um bairro do centro habitado por celebridades, e me aproximava do canal Street, onde os veículos a motor convergem e vão parando enquanto tentam afunilar para entrar no túnel Holland e chegar a New Jersey.

Muitos táxis também convergem ali e, enquanto eu pedalava, uma mulher saltou de repente da calçada para conseguir um deles. Foi no perfeito estilo *Sex and the City* de chamar um táxi – a bolsa de grife pendurada no antebraço, o celular na orelha, os óculos escuros estilo celebridade na cabeça e a mão sutilmente enfeitada de joias acenando em direção ao céu. A mão estava claramente bem treinada na arte de convocar pessoas, e fez isso com a habilidade de um pescador estripando sua presa. Se alguém isolasse aquela mão, poderia imaginá-la como pertencendo a qualquer mulher de direito na história. Aquela mão poderia de maneira igualmente fácil estar comandando a ocupante da poltrona de um sedã, ou uma *sommelier*, ou uma criada. Foi um gesto ao mesmo tempo adequado e completamente fora de *timing*.

Infelizmente, como a mulher estava fechada em seu ciclo de dar ordens a um motorista de táxi com a mão enquanto simultaneamente determinava, pelo celular, um conjunto completamente diferente de diretrizes a seu assistente, ou a sua empregada doméstica, ou a seu amante, ou a seu passeador de cachorro, ou a quem quer que fosse, ela não contou com a possibilidade de que outros humanos que não estavam a seu serviço pudessem existir. Em particular, não pensou em olhar antes de saltar para fora da calçada e diretamente para dentro de meu caminho. E, embora fosse a última coisa que eu quisesse fazer, não tive alternativa a não ser colidir com ela.

Eu a atingi com meu ombro, e, como era de constituição frágil, ela girou com elegância sobre o bico de seu Manolo Blahnik numa esplêndida pirueta e em seguida caiu sobre o pavimento em meio a seus ornamentos, como se estivesse concluindo uma dança de luto. Naturalmente, fiquei horrorizado e, sentindo-me péssimo, saltei da bicicleta e me aproximei para ajudá-la.

"Você está bem?", perguntei.

Ela deixou de se concentrar no telefone celular para me encarar com um olhar de repugnância que só vi algumas vezes na vida. Mesmo na época em que eu pisava no cimento fresco de alguém como se fosse a Calçada da Fama, não provoquei uma expressão daquela magnitude. Claramente, sua capacidade de depreciar estava intacta, e sua reação foi algo na linha de:

"Qual é o seu problema?"

Da mesma forma que ela havia piruetado momentos antes, minha preocupação girou abruptamente para se transformar em raiva. Comecei a explicar que ela havia simplesmente corrido de encontro ao trânsito, mas a essa altura ela já havia me demitido mentalmente, se levantado e fixado sua visão no táxi seguinte. De fato, sua capacidade de esnobar alguém mesmo depois de se envolver num acidente com essa pessoa é um poder que somente os mais altos membros da elite de nossa sociedade possuem. Satisfeito pelo fato de o acidente ter chegado a uma conclusão mutuamente decepcionante e por ela ter informações insuficientes para me processar, simplesmente continuei em meu caminho.

Numa nota mais feliz, em outra ocasião consegui realizar uma ação evasiva com sucesso quando Harrison Ford e Calista Flockhart atravessaram distraidamente meu caminho, e agradeço por isso até hoje, porque odeio pensar no que uma bicicleta em movimento poderia fazer com a estrutura profundamente diminuta da senhorita Flockhart.

De qualquer modo, por mais frustrantes que os pedestres possam ser, apesar de seu comportamento irritante existem dois motivos pelos quais devemos — na verdade, precisamos — ser tolerantes com eles e desculpar mesmo as coisas mais estúpidas que fazem.

1. No trânsito, uma pessoa iluminada cede à parte mais vulnerável.

E, mais importante,

2. Todos nós somos pedestres; portanto, se não respeitar-

mos nossos companheiros quando eles estão andando, tudo está perdido.

Pense nisso: somos animais, e andar é nosso meio de transporte padrão. É uma função humana básica, assim como sexo ou ir ao banheiro. É claro que, assim como no sexo ou na ida ao banheiro, as pessoas devem procurar ser educadas quanto a onde e como fazem isso (por exemplo, não devemos andar, fazer sexo ou ir ao banheiro sobre o chão recém-lavado de alguém), mas negar nosso milenar direito de passear é negar nossa própria natureza.

Somos todos pedestres depois que saltamos de nossas *bikes* e nossos carros. Portanto, devemos ser sagrados quando estamos a pé, livres como as vacas na Índia.

Claro, é irritante o fato de que, ao andar pela cidade, a maioria das pessoas seja mais ou menos tão cuidadosa quanto os esquilos, mas ao mesmo tempo isso é de certa forma confortante. Somos animais também, e às vezes precisamos passear. No contexto geral, quatro milhões de anos não são realmente tanto tempo assim, e ainda estamos percorrendo as planícies e aprendendo a andar com as próprias pernas.

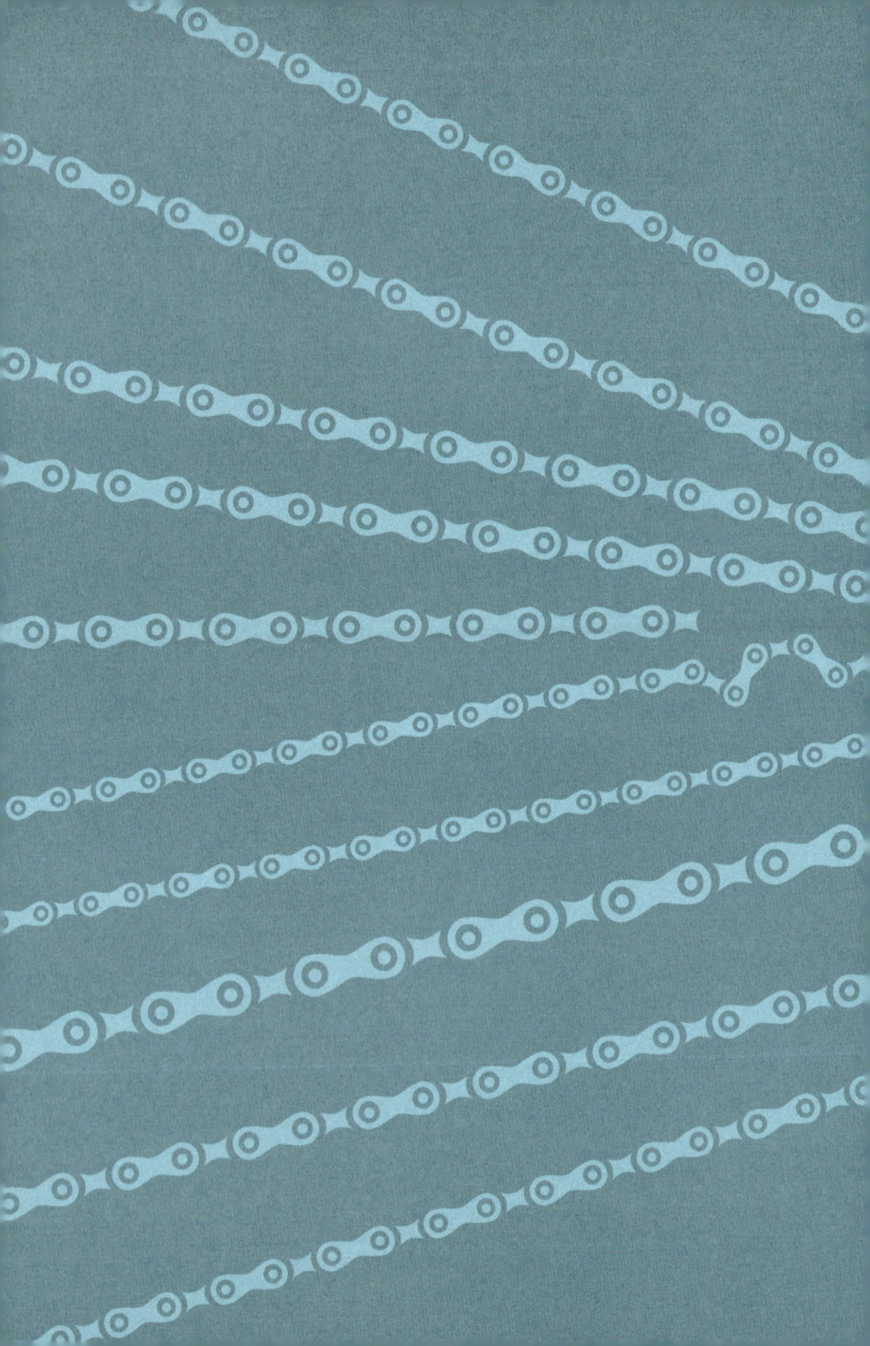

LIVRO III

DEIXE NOSSO POVO IR

INSULTADO:
A REAÇÃO CONTRA O CICLISMO

Jamais alguém gostou de ciclistas, com a possível exceção de outros ciclistas.

"A máquina deve ser permitida no Central Park?", perguntava um artigo do *New York Times* em 15 de julho de 1881. "A máquina", é claro, era uma referência à bicicleta, e não a uma turnê de *shows* do Pink Floyd (embora certamente eles pareçam antigos o bastante para existirem na época). Isso foi muito antes de as guerras de *bikes versus* carros devastarem o mundo do trânsito. Na verdade, foi cinco anos antes de o mecânico de bicicleta Karl Friedrich Benz patentear sua "carruagem sem cavalo" – que em parte se baseava na bicicleta (o próprio Benz era um ciclista) e que provavelmente era tão potente quanto um carrinho de mão movido a furadeira elétrica naquele estágio inicial de seu desenvolvimento.

Não, naquela época, no auge da *penny farthing*[20], a bicicleta ainda era a máquina intimidadora mais rápida do pedaço. As pessoas (ou, mais precisamente, seus cavalos) eram tão ameaçadas por elas que os encarregados do parque as proibiram, para tristeza dos fabricantes e clubes de bicicletas. Então, um pioneiro movimento de pressão desafiou a decisão, uma audiência foi realizada e, como parte do testemunho contra as bicicletas, um certo Samuel G. Hough falou sobre a destruição que ele havia visto "a máquina" causar certa vez em Chicago:

> *Samuel G. Hough, gerente geral da Monarch Line de navios a vapor, foi a primeira testemunha chamada pelo senhor Townsend. Ele disse que havia visto o efeito produzido pela bicicleta sobre cavalos, e que estava preparado para falar de maneira muito sentida sobre o assunto. Aproximadamente dois anos atrás, ele estava conduzindo sua parelha em Chicago pela Wood-street, para ir à Washington-street, de onde pretendia voltar. Estava dirigindo a mais ou menos quatro milhas [6,4 quilômetros] por hora. Seus cavalos eram conhecidos pela tranquilidade, e ele passara por locomotivas sem que estes se assustassem. Ao chegar à Washington-street, que cruza a Wood-street em ângulos retos, uma bicicleta dirigida por um homem chamado Glass veio da calçada e, sem olhar para ver se algum veículo estava vindo pela Wood-street, Glass atravessou a rua correndo. A bicicleta atingiu um dos cavalos do*

---

[20] Modelo de bicicleta antiga com uma roda muito grande na frente e outra muito pequena atrás. O termo vem da Inglaterra, por causa das moedas *penny* e *farthing*, sendo uma bem maior que a outra, de modo que elas representam a bicicleta de lado, o *penny* na frente e o *farthing* atrás. Para a maioria das pessoas elas eram conhecidas simplesmente como "bicicletas". [N. do E.]

senhor Hough, a parelha se assustou e correu, derrubando a carroça e lançando o senhor Hough para fora.

Isso por si só é um achado impressionante, já que o senhor Glass é, muito possivelmente, o primeiro ciclista de calçada da história registrada, e não é exagero dizer que provavelmente ele também "salmonou" sem preocupação. Infelizmente, porém, nunca saberemos como esse "Salmão Zero" se saiu depois de colidir com um cavalo em sua *penny farthing*, e, o que é ainda pior, nunca poderemos ver o vídeo sem dúvida hilariante que teria resultado se Thomas Edison estivesse presente. Tudo o que sabemos sobre o senhor Glass é que os advogados do senhor Hough o aconselharam a não processá-lo, porque "o homem não valia cinco centavos e dirigia a bicicleta para poupar a tarifa da carruagem". Muquirana. Porém, o senhor Hough certamente precisou de ajuda devido às suas lesões:

Seu braço direito quebrou, bem como o dedo indicador de sua mão esquerda. "Estive nas mãos do cirurgião durante três meses", disse o senhor Hough, "e durante a maior parte desse tempo fiquei completamente inútil. Tive uma enfermeira de cor para me ajudar, e ela tinha que me tratar como uma criança, alimentando-me com uma colher. Minha carroça foi quebrada em pedaços e um de meus cavalos morreu".

Lembre-se: isso aconteceu Nos Bons Tempos, e pode-se imaginar que um cavalheiro e bem-sucedido administrador de navios a vapor do final do século 19 com uma parelha de cavalos, como o senhor Hough, tinha pouca paciência com pessoas de cor e pessoas pobres que não podiam pagar uma tarifa de carruagem, mas suas palavras duras foram reservadas para a bicicleta em si:

Considero a bicicleta a coisa mais perigosa já inventada na vida. O mais tranquilo dos cavalos tem medo dela.

Obviamente, nos anos posteriores muita coisa mudaria. As *penny farthings* dariam lugar às bicicletas de segurança. O preconceito racial evidente sucumbiria a essa variedade mais sutil, disfarçada. O Pink Floyd gravaria o primeiro disco para fonógrafo, produzido por Thomas Edison. E é claro que a bicicleta perderia sua posição de veículo de rodas mais assustador em circulação nas ruas para o automóvel, uma máquina com a força de centenas de cavalos e capaz de aterrorizar e dominar até mesmo o ciclista mais precipitado.

Glass e sua bicicleta de roda alta podem ter assustado muito a potente parelha de Hough, mas não seriam páreo para uma única senhora idosa num Buick.

Entretanto, as atitudes das pessoas em relação à bicicleta não mudaram. Hoje, as bicicletas são permitidas no Central Park – aliás, assim como os carros, mas só na hora do *rush* – e os cavalos que puxam turistas ali o tempo todo, num triste e incansável esforço, acostumaram-se com todas elas há muito tempo. (A única maneira de assustar um cavalo do Central Park é agitar um frasco de cola diante dele.) Aparentemente, porém, as pessoas não são nem de perto tão adaptáveis quanto os equinos. Em 2009, os veículos a motor mataram 256 pessoas só em Nova York (é incrível, mas houve uma melhora em relação aos anos anteriores), enquanto as bicicletas não mataram ninguém e não assustaram precisamente nenhum cavalo. Ainda assim, a maioria das pessoas parece conviver bem com os carros – embora estes sejam privados, parece que os aceitamos como parte da infraestrutura, como os trens e ônibus – mas o público em geral ainda odeia as bicicletas, e os ciclistas.

Por quê? Qual é o problema?

Bem, o problema não é realmente que as bicicletas sejam ameaçadoras, como disse o senhor Hough. É que elas são irritantes. Está se espalhando uma ideia de que as pessoas de bicicleta simplesmente fazem o que querem. É por isso que o senhor Hough as odiava, é por isso que a senhora idosa de Buick as odeia, é por isso que os pedestres as odeiam e é por isso que as pessoas dizem coisas como:

- "Eu juro a você", disse, de forma memorável, Tony Kornheiser, apresentador da rádio ESPN, referindo-se aos ciclistas, em março de 2010, "tudo o que você consegue fazer é não passar por cima delas! Por que essas pessoas acham que as ruas foram feitas para bicicletas?"
- "Atire alguma coisa na cabeça deles", aconselharam os apresentadores do programa de rádio *Deminski and Doyle*, em Detroit, no ano anterior.
- "Eu gostaria que as pessoas os atingissem, os pegassem e os mandassem voando por cima de seus guidons", disse um DJ em Birmingham, Alabama, naquele mesmo ano.

"E daí?", você pode estar se perguntando. "As rádios não acabaram com a chegada da televisão em branco e preto e das antenas em V? Quem se importa com um bando de fracassados imitando Howard Stern nos primórdios e sem entender nada?" Tudo bem, mas as reclamações dessas pessoas são o ruído branco de irritação que permeia nossa sociedade, e nós as ignoramos por nossa conta e risco. Os programas de rádio matinais são como aquelas máquinas de venda repletas de tatuagens falsas e bijuterias que você encontra perto das caixas de supermercado e em lanchonetes de beira de estrada – um lixo total, mas, como detrito cultural, ainda dizem muito sobre a sociedade que as produz e consome.

Para ser mais específico, diferentemente da TV e da internet, é esse tipo de coisa que as pessoas estão consumindo quando estão em seus carros, bufando porque estão paradas no trânsito a caminho de um trabalho do qual não gostam. Sou tão fã da liberdade de expressão quanto qualquer outro americano indiferente a Deus, mas isso é desconcertante. Basta uma pressão mínima no pedal do acelerador para eliminar aquele ciclista irritante que tem a ousadia de correr como uma flecha, sem o menor esforço, em meio ao atoleiro onde você está preso, e esse pequeno movimento irritado do pé pode ser a diferença entre vida e morte. Ir a uma rádio e dizer às pessoas para "passar por cima deles" é como provocar uma pessoa quando ela está limpando sua arma.

As rádios estão longe de ser o único lugar onde a sociedade articula seu desdém pelas bicicletas e pelas pessoas que as pedalam. Isso está presente também em formas mais "refinadas" de entretenimento, como o cinema e a TV, onde os ciclistas geralmente são representados de quatro maneiras: o frouxo infeliz, o imbecil homoerótico malhado, o ecochato arrogante que trepa com árvores e o homem-criança esquisitão.

O frouxo infeliz

Digamos que você está fazendo um filme sobre um nerd gigantesco, de meia-idade, que coleciona bonecos de ação e ainda é virgem. Que tipo de transporte seu protagonista usaria?

Um SUV ou um sedã esportivo? Certamente não – estes são para pessoas bem sucedidas, ricas em dinheiro e coito.

Bem, então que tal um carro híbrido ambientalmente sensível, como um Prius? Sim, claro, estes são apropriadamente pequenos, mas também são caros e, portanto, são símbolos de *status* sutis – e *status* é algo que nosso protagonista não tem.

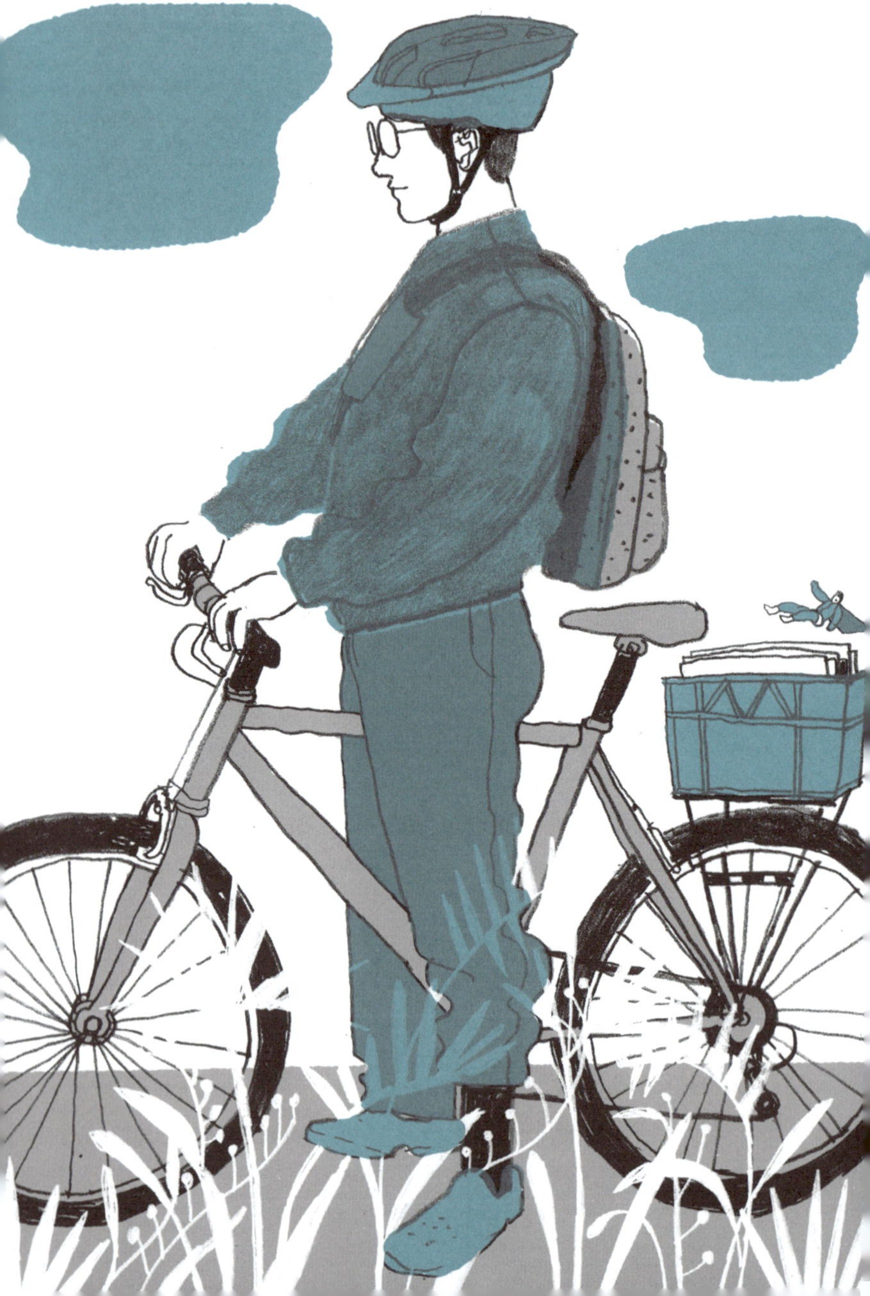

Que tal uma motocicleta? Não, motociclistas são rebeldes que levam a vida do jeito que querem, como Peter Fonda e Dennis Hopper em *Sem destino*, ou Matthew McConaughey naquele filme em que ele é um babaca pegador. (O que eu acho de Matthew McConaughey em todos os filmes, mas teve esse, em particular, em que ele tinha uma Triumph Bonneville e morava em Staten Island.)

Está bem, então... uma Vespa. Certamente nenhum homem adulto com respeito por si próprio dirigiria isso. Bem, sim – exceto italianos suaves como Marcello Mastroianni, ou aqueles jovens modernos dos anos 1960. Não, pense bem, nem mesmo uma Vespa modesta é assexuada o bastante.

Ah... é claro! Ele dirige uma bicicleta! Obviamente, este era, de fato, o caso do personagem de Steve Carell em *O virgem de 40 anos*. Ei, eu gostei desse filme também, mas, conforme o filme prova, não existe maneira melhor de fazer um adulto parecer não ameaçador e ineficiente do que pô-lo em cima de uma bicicleta. É piedade instantânea! O que poderia emascular mais um homem do que circular numa máquina que não tem motor? E o que poderia ser mais humilhante do que dizer a uma mulher que você não dirige?

O imbecil homoerótico malhado

Eu estava assistindo à série *Californication* algum tempo atrás, e se você é uma daquelas pessoas convencidas que gosta de se gabar de não ter televisão, *Californication* é aquela em que Duchovny faz o papel de um escritor lascivo e hedonista com um coração de ouro. Ele também dirige um Porsche detonado, o que simboliza sua libido impulsiva e sua natureza selvagem, bem como sua decadência de criança-prodígio da literatura para safado derrotado.

Além disso, as pessoas ficam nuas.

Num episódio específico, Duchovny está dirigindo seu *plot device* quando se depara com uma das caricaturas mais absurdas – Fred-tásticas – de um ciclista de estrada que já vi, com direito a capacete em forma de gota para provas de contrarrelógio e o que parecia ser uma camiseta da Rock Racing. (Peter Gallagher faz o papel do Fred, sendo que suas duas sobrancelhas cerradas de maneira exageradamente natural fazem papéis coadjuvantes.)

Assim como a maioria dos motoristas americanos, o personagem de Duchovny está aborrecido por ter que reduzir a velocidade por causa desse cara, e então senta a mão na buzina. Naturalmente, segue-se uma discussão, e o personagem de Duchovny acaba dizendo, "Live Strong[21], imbecil", e bate a cinza de seu cigarro na cara de Gallagher.

Surpreendentemente, as sobrancelhas de Gallagher não pegam fogo, mas ele acaba batendo numa moita (ou, mais provavelmente, um dublê com um limpador de cachimbo grudado na testa bate na moita) e espera-se que todos nós achemos graça da prepotência do ciclista, bem como da irreverência do personagem de Duchovny – que, afinal de contas, faz todas as coisas que gostaríamos de fazer, como beber de manhã, fumar em ambientes fechados, fazer muito sexo e, é claro, lançar ciclistas estúpidos pelos ares para caírem de cara na moita.

Personagens como o de Gallagher também aparecem de vez em quando em cenas de perseguição no cinema, onde são usados como barracas de frutas e galinhas, no sentido em que seu propósito é se esparramar comicamente quando os carros passam correndo pela tela.

---

[21] Uma alusão ao ciclista Lance Armstrong, que significa algo como "seja forte!". [N. do E.]

O ecochato arrogante que trepa com árvores

Quando não estão se aperfeiçoando fisicamente, cheios de si e nos irritando, como o personagem de Peter Gallagher, os ciclistas estão salvando o planeta e lembrando a todas as outras pessoas que elas são monstros que queimam combustíveis fósseis malignos e devoram florestas. E se existe uma coisa da qual as pessoas gostam de ser menos lembradas do que o quanto não são saudáveis é o quanto são irresponsáveis e sem consideração.

É claro que existe muito convencimento no mundo do ciclismo, mas a verdade é que apenas um pequeno número de pessoas que andam de bicicleta é *tão* convencido assim, e dizer que elas se sentem superiores às outras é verdade apenas no sentido mais geral e simplista. Quanto ao resto de nós, não temos tempo para nos preocupar com a quantidade de gasolina que os outros estão queimando, e muitos de nós moramos em casas aquecidas a óleo ou gastamos de vez em quando um tanque de alta octanagem. Ainda assim, quando está em cima de uma bicicleta, você é apenas uma coisa para os motoristas – um ciclista. E a simples visão de um ciclista pode ser suficiente para despertar neles sentimentos profundamente arraigados de inadequação e insegurança. Eles acham que você está lhes dizendo que há algo errado com eles.

Um comediante chamado Tom Segura articulou recentemente essa atitude com perfeição. É evidente que a comédia *stand-up* já não é o que foi, e, à exceção de gente como Louis C.K. e Chris Rock, os comediantes de *stand-up* estão, possivelmente, apenas meio grau acima dos locutores de rádio matinais em termos de contribuição cultural, mas neste caso Segura resume esse aspecto da maneira como as pessoas percebem os ciclistas com tanta clareza que vale a pena examinar. Primeiro, ele começa com uma ressalva: "Eu acho

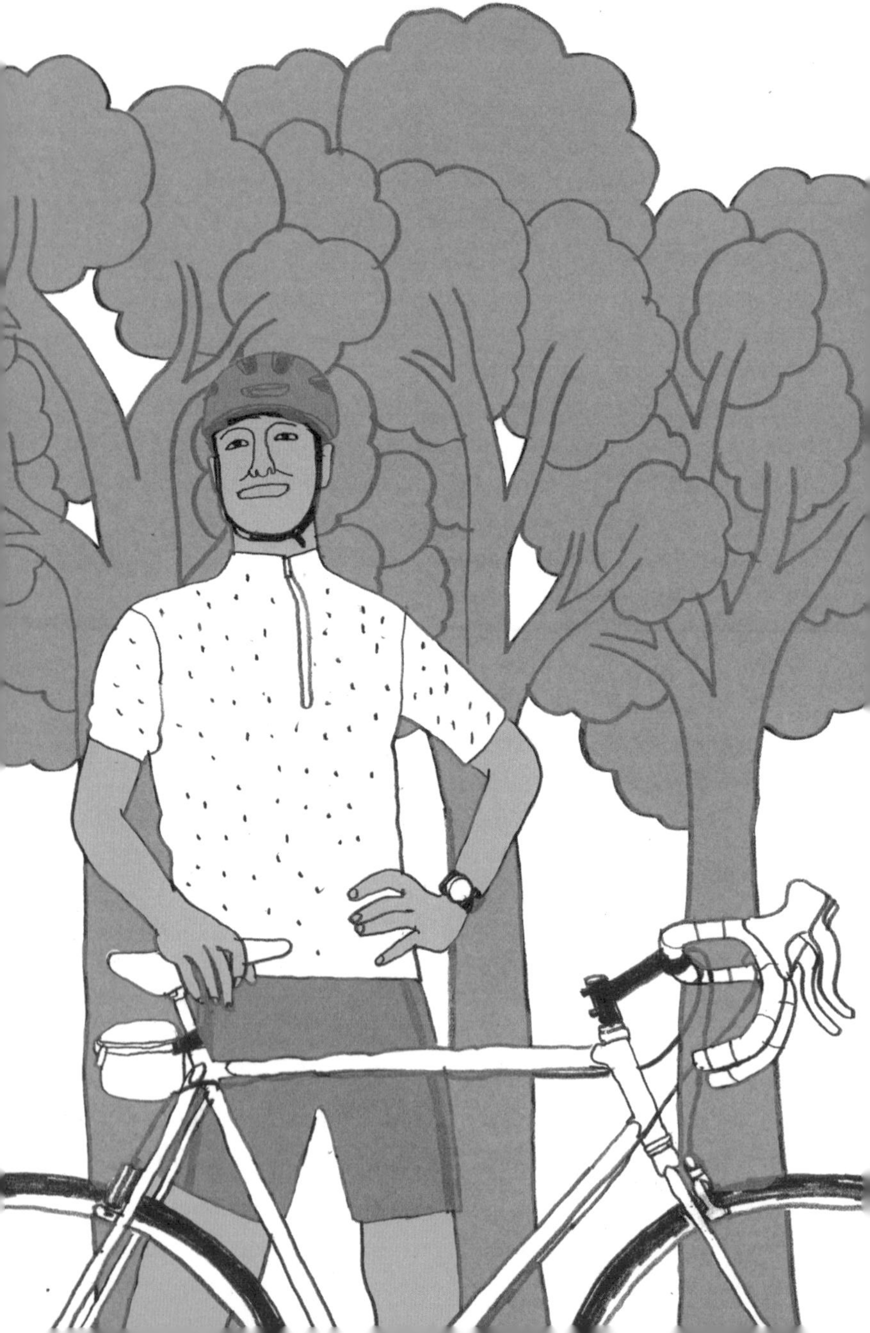

que se você anda de bicicleta, isso é saudável e ecológico, e agora você deve calar a boca e ir para a calçada."

Note que ele tem de fazer a ressalva em que reconhece que isso é saudável e ecológico, como se este fosse o único objetivo do ciclismo. Estes são principalmente benefícios complementares, já que pedalamos porque é prático. Mas aqueles que odeiam bicicletas consideram essas coisas incontestáveis e, em vez delas, atacam aquilo que deve ser inalienável, que é o direito do ciclista de usar a rua. É sempre: "Eu sei que é saudável e ecológico, mas..." E isso porque eles são inseguros – é como chamar alguém para sair e dizer: "Eu sei que você é atraente e eu sou feio, mas..." Isso imediatamente reduz tudo a superficialidades, mas assegura que qualquer interação subsequente fracasse.

Ele prossegue manifestando sua rejeição geral ao ciclista que tem a ousadia de pedalar na rua, e não na calçada, e em seguida pergunta: "Você não me vê em meu carro? Essa coisa que vai romper o seu baço se eu tocar em você com ela?"

Isso provoca muitas risadas e aplausos.

Eu sei que se supõe que isso seja uma "comédia", e que certamente ele está "brincando". Também já ri de um humor bem pior (certa vez vi Andrew "Dice" Clay ao vivo, nos anos 1980), e faço o possível para não ser aquele cara que não consegue rir quando a piada é sobre ele próprio. Ao mesmo tempo, as pessoas realmente acham isso, e quando você pensa nisso é assustador: não apenas elas acham os ciclistas tão irritantes que explodem em gargalhadas quando pensam em romper seu baço, como realmente rompem seu baço. Se Segura estivesse falando sobre o trabalho numa cozinha e, em sua piada, dissesse para o cara que estava lavando a alface: "Você não vê que estou cortando carne com o cutelo? Essa coisa que cortará seus dedos se eu atacar você com ela?", a piada não funcionaria. Quem realmente odeia alface? "Claro, a alface é saudável, verde e coisa e tal, mas estou trabalhando com carne aqui. Um peteleco com a faca e eu arranco seus dedos!" Ninguém riria – provavelmente, sorririam com educação e pensariam que ele era um psicótico. Mas fale isso sobre ciclistas e você conseguirá boas risadas.

Sua conclusão, porém, é a melhor parte: "Por que você está andando de bicicleta? Esta é a era da tecnologia. Esta não é a cidade de Ho Chi Minh em 1976. Junte cem dólares por mês e faça um *leasing* de um Honda, e se você não consegue fazer isso talvez devesse se mudar para... a cidade de Ho Chi Minh."

Eu sei que ouvi discos de Dead Kennedys demais quando criança (até hoje, quando ouço um gato gritando de excitação, meu primeiro pensamento é, "É você, Jello?"). Mas para mim é estranho que uma pessoa compare o ato de fazer um pagamento mensal a um banco para ter um carro por alguns anos a um sinal de conquista – como se o sucesso significasse virar escravo de um banco, um fabricante de automóveis e uma empresa de seguros, tudo ao mesmo tempo. Será que chegamos a um ponto, como cultura, em que o estereótipo do "assalariado" se tornou o ideal a que as pessoas aspiram? Não há sequer o orgulho da posse envolvido nesse cenário – aquele que faz com que o arrendatário muito provavelmente jamais abra o capô de seu próprio veículo, não tenha responsabilidade alguma por sua manutenção e nunca sequer dê uma olhada no motor que o move. Ele olhará, porém, para um ciclista e o odiará, buzinando e talvez até aumentando o giro daquela coisa misteriosa embaixo do capô que propulsiona magicamente seu veículo emprestado.

E quanto ao carro representar a "era da tecnologia", as bicicletas e os carros foram inventados quase ao mesmo tempo. É claro que a bicicleta é tecnicamente um pouco mais antiga que o automóvel, mas não é como se fosse um pedaço de sílex do período paleolítico e o automóvel um laser. Além disso, embora o automóvel seja certamente o claro vencedor em viagens longas ou cargas grandes, no que diz respeito a trânsito e transporte local prático, é um veículo pesadão, primitivo, caro, desajeitado e completamente incapaz de se comparar à bicicleta em termos de eficiência, maneabilidade e custo operacional. Dizer que você deve dirigir um carro em vez de pedalar porque esta é a "era da tecnologia" é como dizer que você deve enviar mensagens não pelo telefone celular ou pelo computador, mas sim por mísseis guiados por laser, disparando-os para o destinatário, porque de certo modo isso é mais sofisticado.

O homem-criança esquisitão

Obviamente, *As grandes aventuras de Pee-Wee* (de longe um de meus filmes favoritos) é o *Cidadão Kane* dos filmes do homem-criança esquisitão, mas certamente vale a pena notar que a encarnação de seu id estranhamente suprimido é sua bicicleta fantasticamente enfeitada. É claro que se fôssemos totalmente justos, embora Pee-Wee e sua *bike* sejam um tanto quanto surreais, em termos de relação entre os dois o filme acerta em cheio – muitos ciclistas lustram suas bicicletas obsessivamente e até falam com elas. Isso não é exclusividade do ciclismo. As pessoas também fazem o mesmo com seus carros, motocicletas e tacos de golfe – é da natureza humana. Realmente, como cultura, a única coisa que aparentemente temos dificuldade de amar e cuidar é um ao outro.

Ainda assim, os ciclistas suportam o peso do estereótipo de "esquisitões" – embora não inteiramente injustificável, já que somos os nerds da lanchonete da escola dos transportes, e depois de algum tempo é inevitável que comecemos a sentar juntos e sair juntos para fazer idiotices.

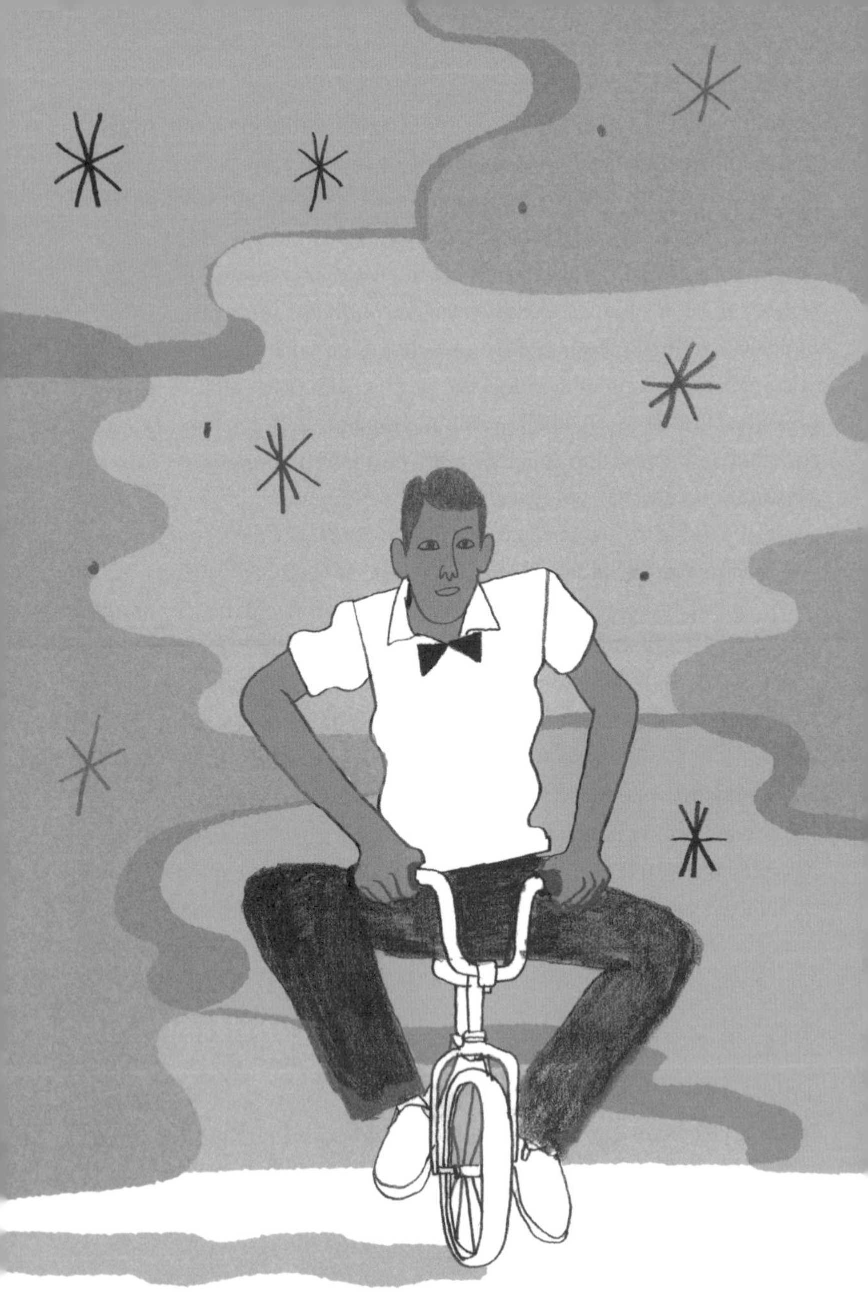

Entretanto, mesmo que nosso entretenimento popular ainda não reflita isso, pessoas comuns que não são esquisitas, não são convencidas e não são infelizes estão realmente transitando de bicicleta – na verdade, mais pessoas do que nunca, e os números continuam a aumentar a cada ano. Os governos estão notando isso também. Não apenas muitas cidades estão acrescentando infraestrutura para bicicletas, a fim de acomodar esses ciclistas, como até mesmo governos federais têm reconhecido essa necessidade. Em 2010, o secretário dos Transportes do EUA Ray LaHood anunciou uma "grande revisão da política" que declarava: "Caminhar e pedalar não devem ser uma consideração posterior no projeto de uma via."

Superficialmente, isso pareceria uma coisa boa, e você pensaria que todo mundo seria feliz. Os ciclistas teriam seu próprio lugar na rua, os motoristas teriam que interagir menos com eles e – por mais louco que isso possa parecer – as pessoas poderiam até caminhar com mais facilidade. Infelizmente, não é isso que tem acontecido e, ao contrário, os motoristas estão ficando cada vez mais zangados. Por quê?

Porque os ciclistas são irritantes e fazem o que querem.

Para entender melhor isso, pense na mentalidade do não ciclista. Às pessoas que nao são ambiveiculares, falta permanência de objeto. Quando veem alguém de bicicleta, elas não veem um companheiro que por acaso está andando de bicicleta, mas sim uma estranha entidade pessoa-*bike* que está permanentemente fundida, mais ou menos como um centauro. Por algum motivo, é impossível imaginar que essa pessoa realmente saia de sua bicicleta ao chegar a algum lugar, ou que ela possa também entrar e sair de um carro, ou até que possa ir para o trabalho e realmente trabalhar. Elas também não percebem que esse trabalho gera renda, o que resulta em impostos para o governo, que em parte são usados para construir e conservar estradas. Muita gente tem a impressão equivocada de que apenas o dinheiro de sua gasolina paga pelas estradas[22], mas isso não é verdade – é o imposto de renda que todos nós pagamos. Portanto, o não ciclista vê o estranho centauro de rodas e pensa que ele é um ser esquisitão que passa voando para lá e para cá, mantendo-se em movimento e convencimento, e que ele nada dá em troca.

Além disso, elas não conseguem diferenciar esses centauros pessoas-*bikes* uns dos outros, ou diferenciar um ciclista recreativo de um ciclista que está pedalando com objetivos práticos. Você pode estar indo para o trabalho, mas o motorista que não é ciclista pensa que você está brincando. Em sua mente, elas poderiam também estar construindo infraestruturas para patinadores.

"Estamos construindo ciclovias para essas pessoas?!?", exclama o não ciclista, como se isso fosse o equivalente a usar verbas públicas para construir um parque para unicórnios ou uma casa de repouso para Hobbits idosos.

Enquanto isso, muitos ciclistas, por sua vez, também não sabem como usar a infraestrutura que estão recebendo – o que não é totalmente culpa deles. Há dez anos, na opinião de muita gente, você deveria andar de bicicleta na calçada até ter idade suficiente para dirigir um carro, e a partir daí deveria desistir de todo o empreendimento. Agora, não apenas você deve compartilhar a rua com os carros como deve obedecer exatamente às mesmas leis, agir como se tivesse o mesmo nível de proteção e ser fluente num vocabulário de sinais com

---

[22] No Brasil, acredita-se que o IPVA é que custeia as estradas, o que também não é verdade. O dinheiro sai de um bolo de arrecadação, que inclui diversos impostos. [N. do E.]

a mão que, em termos de complexidade, está entre a linguagem de sinais americana e o código semafórico.

Então, se todo mundo odeia tanto os ciclistas, por que começaram a construir ciclovias, para início de conversa? Sim, há mais gente pedalando, mas as bicicletas estão por toda parte desde o fim do século 19, portanto por que começar isso agora? Bem, porque o ciclismo é "saudável e ecológico", é claro. Assim como Tom Segura precisa reconhecer isso antes de dizer aos ciclistas para se mudarem para a cidade de Ho Chi Minh, tenho certeza de que muita gente em muitas cidades gostava da ideia de ter uma rede de ciclovias até realmente tê-la – certamente foi o que aconteceu com a cidade onde moro, Nova York. "Ah, sim, bicicleta... muito saudável, muito ecológico", disseram, tenho certeza, as pessoas quando começaram a ler sobre isso em artigos de jornais. Mas então as ciclovias começaram realmente a aparecer e aquele ódio primordial dos tempos do senhor Hough e seus cavalos agitados voltou. "Espere aí, bicicletas? Nas ruas? Que diabo eu estava pensando?!?"

Por mais absurdo que pareça, de vez em quando um coiote passeia até Manhattan. Isso não é tão surpreendente, já que, assim como qualquer outra coisa que vive em Jersey, tudo o que ele precisa fazer é passar pela ponte George Washington. Porém, diferentemente do Carmine de Hackensack, um coiote não pode simplesmente ir para Manhattan. Embora eles estejam aqui há muito mais tempo do que o Carmine, ou do que Hackensack, ou do que qualquer coisa construída, e embora tenhamos invadido o *habitat* dos coiotes muito antes de eles invadirem o nosso, assim que eles mostram seus focinhos felpudos, são picados por dardos de tranquilizantes e enviados para o departamento de controle animal.

Claro, isso faz sentido, uma vez que o coiote pode ser perigoso, mas possivelmente a mesma coisa poderia ser dita sobre o Carmine.

Neste sentido, os ciclistas são como os coiotes. Embora não sejamos anteriores a Hackensack (ou mesmo ao metrô), estamos aqui há mais tempo do que os carros. Possivelmente, toda a infraestrutura de transportes centrada nos carros nos invadiu, e não o contrário. Mas todo mundo ainda nos vê como coiotes perigosos e imprevisíveis, e, considerando a maneira como as pessoas veem os ciclistas, eu não me surpreenderia se um dia sentisse a picada de um tranquilizante em meu traseiro.

Claro, enquanto se sentem muito desconfortáveis por compartilhar as ruas com coiotes, as pessoas se sentem mais do que confortáveis por compartilhar suas calçadas, suas casas e até suas refeições com o primo bajulador do coiote, o cão domesticado – contanto, é claro, que o cachorro seja devidamente registrado e vacinado, e de preferência também castrado e talvez até possuidor de algum *pedigree*.

De maneira semelhante, a mais recente proposta que políticos de várias cidades têm apresentado é a ideia de registrar ciclistas e bicicletas, numa tentativa de nos "domesticar". O raciocínio é que isso reduziria aquela tendência capaz de assustar cavalos que temos de nos lançar das calçadas sem anunciar e obrigar as pessoas a depender dos cuidados de enfermeiras de cor. Recentemente, Eric Ulrich, vereador de Nova York, propôs essa lei para a cidade usando o seguinte argumento:

> *Nunca vi um carro de polícia parar um ciclista por atravessar um sinal vermelho. Gostaria que se fizesse isso, porque são eles que estão criando problemas todos os dias na cidade. Se essas pessoas não estão obedecendo às leis de trânsito, devem ser responsabilizadas.*

É claro que só porque ele não viu um ciclista receber uma multa não significa que isso não aconteça o tempo todo – acontece. Além do mais, pelo menos em Nova York, a tabela de multas por infrações no trânsito para bicicletas é a mesma dos carros. Este é outro exemplo do problema de permanência de objeto, e, assim como veem as pessoas de bicicleta como centauros estranhos, os não ciclistas também não conseguem imaginá-las recebendo multas pelo único motivo de que nunca viram isso. Muito raramente vejo esquilos fazendo sexo também, mas essas criaturas malditas estão por toda parte, portanto em determinado momento tenho que admitir que eles estão, de fato, "se soltando". Sim, os esquilos transam e os ciclistas são multados. É simples assim.

Para mim, o que realmente parece estar no cerne dessa coisa de registrar bicicletas é o fato de que ter e operar um carro é uma grande chateação – como deve ser. O carro é uma máquina potente, a maior que a maioria de nós usará na vida; logo, é natural que você precise de uma licença para operá-lo, de um adesivo de inspeção para assegurar que suas rodas não se soltarão e seu capô não abrirá quando você estiver a cem quilômetros por hora em uma rodovia interestadual, de um adesivo de registro para que o governo possa responsabilizá-lo quando você entrar no quintal de seu vizinho, e de uma apólice de seguro para cobrir seus danos à churrasqueira a gás de luxo dele.

Considerando isso, pode ser muito frustrante para os motoristas que não são ciclistas olhar através de seu para-brisa cheio de adesivos do governo e ver um cara sem camisa numa *beach cruiser* furando um sinal enquanto fuma um baseado numa daquelas maricas dos anos 1970 com todas aquelas penas penduradas. "Por que eu tenho que passar por toda essa merda e ele não?", pensam eles. E eles certamente têm razão.

Ainda assim, não há como fugir do fato de que bicicleta não é carro, e também não é capaz de causar nem de perto tanta destruição quanto um carro. No que diz respeito à infraestrutura, você é secundário, mas em se tratando de punição você é igual.

Este é o maior paradoxo de todos: o modo como parecemos ser incapazes de tratar os seres humanos com o mesmo nível de respeito quando eles estão andando de bicicleta e ao mesmo tempo nos determinamos a submetê-los às mesmas leis e exigências que lhes são aplicadas quando estão dirigindo um carro. Somos um bando de gente estranha neste sentido. Pense no aeroporto, por exemplo, onde nos esforçamos para submeter todos aos mesmos exames minuciosos quando eles passam pela segurança, e onde o sujeito mal encarado e a idosa numa cadeira de rodas são revistados da mesma forma. Será que uma bisavó incapaz de andar pode ser, de fato, uma agente de algum grupo terrorista traiçoeiro? Claro que sim. É provável? Não. Da mesma forma, será que um cara chapado numa *beach cruiser* poderia atropelar e matar uma pessoa? Claro que sim. É provável? Não – é mais provável que ele derrame um *milk-shake* nela.

Entretanto, parece que queremos tratar nossas ruas compartilhadas como agimos no aeroporto e nos assegurar que todos são igualmente miseráveis para mantermos a ilusão de segurança, mesmo que à custa da segurança de verdade. Provavelmente estaríamos mais seguros se pessoas diferentes fossem submetidas a níveis diferentes de exame no aeroporto, assim como provavelmente estaríamos mais seguros se as ruas acomodassem usuários diferentes de maneiras diferentes. Em vez disso, o modo como a coisa funciona aqui se você dirige uma bicicleta é:

Amarre esse capacete e finja que você é um carro.

Portanto, aqui estamos nós, bem mais de um século depois de Glass aterrorizar aqueles cavalos, e quase nada mudou. Neste sentido, não há tanta reação contra as bicicletas, mas sim uma desaprovação quase constante pontuada por breves momentos de flerte com a legitimidade e a tolerância.

GRANDE REPRESSÃO ÀS BICICLETAS DE NOVA YORK EM 2011

Durante a primeira década do século 21, Nova York iniciou um novo caso de amor com a bicicleta. O prefeito Michael Bloomberg e a chefe do Departamento de Transportes da cidade, Janette Sadik-Khan, tomaram medidas para melhorar a qualidade de vida em Nova York, e parte integral disso foi uma expansão sem precedentes da rede de ciclovias. "Hum, sim. Ciclovias. Saudável, ecológico", murmuraram as pessoas entre si, da maneira como fazem com coisas que se supõe que elas gostem. O trânsito de bicicletas aumentou significativamente. As pessoas pareciam felizes.

Mas então algo começou a acontecer. Conforme se viu, algumas pessoas não estavam felizes e não gostavam das ciclovias, ou das pessoas que as utilizavam. Ao mesmo tempo, embora a cidade estivesse fazendo todas essas coisas para os ciclistas, eles continuavam a realizar enormes passeios da Massa Crítica. Logo houve uma reação – contra o prefeito, a chefe do Departamento de Transportes e, por fim, os ciclistas – que acabou se tornando uma ação repressiva contra qualquer pessoa que estivesse em cima de uma bicicleta. Eis uma cronologia meio subjetiva, mas significativa, dos principais acontecimentos que precipitaram isso e criaram o clima atual:

JANEIRO 2002 | Michael Bloomberg se torna prefeito. Uma de suas prioridades é o "PlaNYC", um plano para melhorar a limpeza, a segurança e a qualidade de vida na cidade ao longo de um período de 25 anos. Uma infraestrutura para ciclismo é parte integral disso.

2003 | A reforma da ponte Williamsburg é concluída. Pela primeira vez, você pode pedalar por toda a ponte sem ver a água abaixo. Isso incentiva mais *hipsters* recém-chegados a usarem suas bicicletas. Alguns deles vão para o trabalho de *bike*, outros se reinventam como renegados de fixas e outros ainda como radicais estilo anos 1960, participando da Massa Crítica.

2004-2006 | A Massa Crítica é engolida pelos *hipsters* recém-chegados. A polícia prende diversos participantes do evento por pequenas infrações no trânsito.

MARÇO 2007 | Um clube de ciclistas local abre um processo em tribunal federal para derrubar uma nova regra do Departamento de Polícia de Nova York (NYPD, na sigla em inglês). Destinada a impedir a Massa Crítica, a regra exige que qualquer grupo de cinquenta ou mais ciclistas pedalando juntos obtenha previamente uma licença para desfiles.

ABRIL 2007 | Michael Bloomberg nomeia Janette Sadik-Khan em substituição a Iris Weinshall como chefe do Departamento de Transportes de Nova York. Ela começa a implantar ciclovias, praças para pedestres e outras medidas com força tremenda e pleno apoio da maioria.

OUTUBRO 2007 | Um grupo de ciclistas da Massa Crítica presos injustamente abre um processo contra a cidade.

MARÇO 2008 | O senador Charles Schumer (marido de Iris Weinshall) escreve um texto estranho para o programa do Five Boro Bike Tour sobre como ele gosta de andar de bicicleta de Park Slope a Rockaway. (Eu publiquei no mesmo programa, assim como David Byrne.)

JULHO 2008 | Oficial novato do NYPD, Patrick Pogan derruba com um golpe um participante da Massa Crítica chamado Christopher Long. O incidente é registrado em vídeo amador e vira uma sensação no YouTube.

NOVEMBRO-DEZEMBRO 2009 | A cidade remove uma parte da ciclofaixa da avenida Bedford a pedido dos hassídicos locais. *Hipsters* enfurecidos pintam manualmente a ciclofaixa de novo. A ação se torna uma sensação no YouTube.

FEVEREIRO 2010 | Um juiz federal mantém a legalidade da regra para desfiles.

ABRIL 2010 | O policial Patrick Pogan é julgado culpado por abrir uma falsa queixa criminal contra Christopher Long, mas é inocentado do ataque ofensivo, embora todo mundo o tenha visto em ação graças ao fato de o vídeo amador ter se tornado uma sensação no YouTube.

JUNHO 2010 | A cidade começa a instalar uma luxuosa ciclovia verde, segregada, em Prospect Park West, ao longo do Prospect Park, no Brooklyn.

OUTUBRO 2010 | A cidade faz um acordo de US$ 965 mil com participantes da Massa Crítica.

OUTUBRO 2010 | Um pequeno grupo de moradores de Park Slope protesta contra a nova ciclovia de Prospect Park, alegando que de algum modo é perigosa para cidadãos idosos.

JANEIRO 2011 | O NYPD anuncia uma medida de força contra violações no trânsito por bicicletas e *blitzes* com multas. De repente, renegados de fixas que não participam da Massa Crítica começam a receber multas por coisas como não ter buzina e não usar capacete (embora não exista lei que exija de adultos o uso de capacete). Ciclistas locais começam a reclamar da perseguição.

FEVEREIRO 2011 | O NYPD começa a multar agressivamente ciclistas por atravessarem sinais vermelhos, mesmo em horas em que o trânsito de carros estava proibido.

FEVEREIRO 2011 | Apesar do apoio da comunidade e de a ciclovia de Prospect Park West estar comprovadamente mais segura, um grupo de moradores bem relacionados de Park Slope se organiza como "Neighbors for Better Bike Lanes" e processa a cidade para removê-la. (Iris Weinshall está entre os que apoiam o grupo, e Schumer se mantém claramente em silêncio).

MARÇO 2011 | Um perfil de Janette Sadik-Khan no *New York Times* apresenta críticas a seus métodos; o aspirante a prefeito Anthony Weiner diz ao jornal: "Quando eu me tornar prefeito, sabe o que vou passar o primeiro ano fazendo? Vou fazer um monte de inaugurações cortando fitas para acabar com a [palavrão] das suas ciclofaixas."

MARÇO 2011 | A polícia monta uma armadilha de velocidade no Central Park e multa cidadãos por pedalarem a mais de 24 quilômetros por hora. Quando se revela que não existe lei que imponha esse limite de velocidade, a polícia é obrigada a visitar os ciclistas em suas casas e se desculpar.

ABRIL 2011 | A cidade envia 83 cheques do acordo com a Massa Crítica, que os destinatários presumivelmente desperdiçam em bicicletas de bambu novinhas em folha e vegetais orgânicos de suas cooperativas de alimentos locais.

ABRIL 2011 | Um policial disfarçado quase atinge uma mulher de bicicleta ao abrir a porta do carro e tem a iniciativa de prendê-la.

ABRIL 2011 | Uma mulher é multada por pendurar uma sacola no guidão.

MAIO 2011 | Começa o Bike Month NYC 2011, e o Departamento de Transportes festeja anunciando sua nova campanha "Don't Be a Jerk", em que diz aos ciclistas para pararem de ser estúpidos.

ÀS COMPRAS, ÀS COMPRAS:
COMO O CICLISMO É VENDIDO

Claro, muita gente odeia bicicletas. Mas isso não significa que não se ganhe dinheiro com elas.

Anteriormente, analisei a Bíblia. Conforme mencionei, de acordo com essa obra de ficção popular (o maior *best-seller* de todos os tempos depois dos livros de Harry Potter), os primeiros humanos foram um casal chamado Adão e Eva, que Deus criou mais ou menos instantaneamente, da mesma maneira que você poderia preparar um miojo. Eles moravam no Jardim do Éden, o que os tornou basicamente os primeiros moradores de um bairro revitalizado no planeta. Assim com os *hipsters* desses bairros, Adão e Eva eram tipos boêmios e passeavam por aquele proto-Williamsburg abundante em estado de nudismo e convencimento.

Naturalmente, não demorou muito para que um vendedor serpentino identificasse esses jovens e ingênuos *hipsters* como o pri-

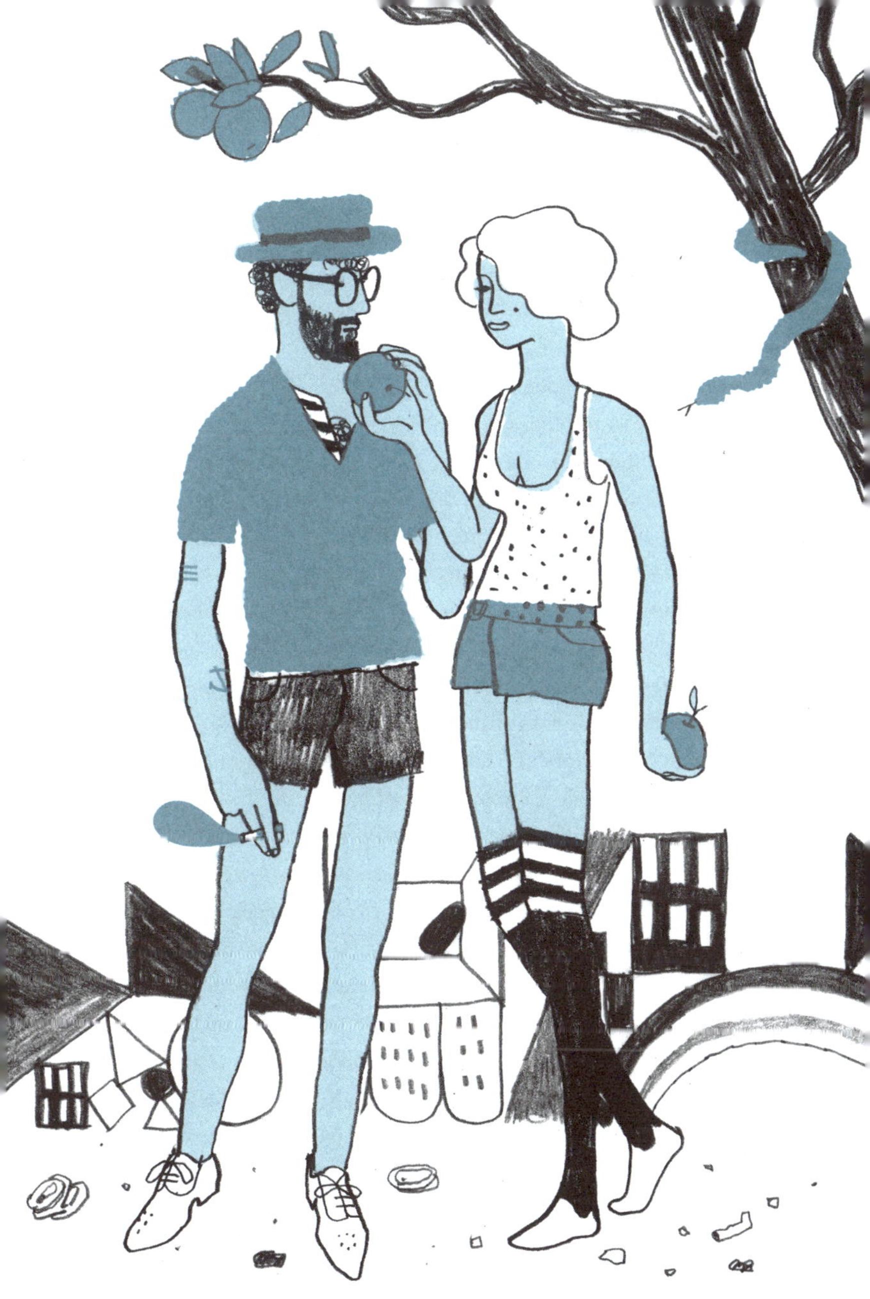

meiro grupo demográfico de *marketing* do mundo. E se tem uma coisa à qual os *hipsters* não conseguem resistir é uma campanha de *marketing* inteligente. "Coma um pedaço dessa fruta", disse a serpente. "Ela foi cultivada organicamente e é totalmente sustentável." Cinco minutos depois, Adão e Eva sentiram as primeiras pontadas de autoconsciência e logo estavam gastando seus salários inteiros no *shopping* edênico, comprando roupas estilosas suficientemente opacas para esconder suas genitálias, mas confortáveis o bastante para lembrá-los de que suas genitálias ainda estavam ali.

Hoje, pouca coisa mudou, e, desde aquele momento fatal de consumismo conspícuo, temos sido incapazes de realizar até mesmo as atividades mais simples sem construir algum tipo de identidade em torno delas e comprar um monte de equipamentos e acessórios antes mesmos de experimentá-los. Isso é especialmente verdade quando se anda de bicicleta – é tão verdadeiro que até mesmo os *sites* daquelas "pedaladas peladas" que aparecem por toda parte incluem "perguntas frequentes". Se você precisa ler atentamente as perguntas frequentes para descobrir como andar de bicicleta pelado, então pode ser que esteja pensando demais nas coisas.

Aquela fruta da Árvore do Conhecimento era um troço poderoso.

É claro que o grau com que as pessoas pensam demais no ciclismo cotidiano pode ser inversamente proporcional à frequência do ciclismo cotidiano num local específico. Por exemplo, em lugares como Copenhague e Amsterdã, as pessoas parecem capazes de montar em bicicletas quase idênticas com roupas comuns e ir para o trabalho. Na maior parte dos Estados Unidos, por outro lado, apenas aqueles que são muito zen (quero dizer, realmente zen, e não a versão zen sem marcha) e muito pobres parecem capazes de fazer isso. Todos os outros parecem precisar de uma *bike* "local" de *pedigree* artesanal e um par de "calças tecnológicas" de duzentos dólares, ou então de uma bicicleta de corrida com estilo e uma bolsa carteiro de grife, para estarem prontos para encarar a simples tarefa de ir de bicicleta de um lugar para outro de um jeito não competitivo.

Isso dificilmente é uma surpresa, e até certo ponto você não pode culpar as pessoas por esse tipo de comportamento. Apesar de ser o meio de transporte mais comum do mundo (exceto caminhar), a bicicleta é vista como marginal em muitos lugares e, portanto, às vezes você precisa ter um nível de paixão acima da média pela bicicleta e pelo ciclismo para transcender o estigma e a inconveniência que lhe são impostos por sua "sociedade" local para andar de *bike*. E, naturalmente, quando digo "paixão" é claro que estou querendo dizer a condição de nerd. Afinal de contas, somos homens-crianças (ou mulheres-crianças) bizarros, e as bicicletas atraem nerds assim como os carrões atraem coroas entusiastas com peito cabeludo. Existem muitas maneiras de definir o que é nerd, mas certamente uma definição é "alguém que faz algo que as pessoas normais fazem, só que usando calças tecnológicas e falando sobre isso o tempo todo".

Portanto, como estamos no meio de um "*boom* de bicicletas" no momento, estamos nos aproximando de um grande cruzamento cultural: o ciclismo finalmente fará parte da cultura dominante?

De fato, esta é a hora da verdade. Neste exato momento, o sinal nesse cruzamento está amarelo e uma dessas duas coisas vai acontecer: ou o sinal vai ficar verde e o ciclismo finalmente será considerado normal e comum, ou retornará para o vermelho e voltaremos a ser percebidos como um bando de nerds transgressores das leis, avançando pelas fendas de uma infraestrutura que não foi criada para nos acomodar.

Mas por que agora? Parafraseando a Hagadá de Pessach, por que esse "*boom* das *bikes*" é diferente de todos os outros? Certamente, não há nada de novo em bicicletas deixarem de ser nerd – são as máquinas ideais para as pessoas mecanicamente ambiciosas festejarem e customizarem. Além disso, os *booms* de bicicleta também não têm nada de novo. Quando a *penny farthing* surgiu, era o veículo sem equilíbrio mais incrível desde os tempos em que se montavam em cangurus. Depois, quando a bicicleta de segurança chegou, todo mundo a quis e vendeu suas velhas "p-fars", em qualquer que fosse o equivalente ao Mercado Livre na época, para ranzinzas retrôs com bigodes gigantes do tamanho de um guidão. Anos depois, quando Greg LeMond venceu o Tour de France, todo mundo queria bicicletas de corrida; e quando as *mountain bikes* foram lançadas, todo mundo queria ter uma delas e as usava nas ruas durante duas semanas para em seguida depositá-las naquelas tumbas de bicicleta conhecidas como garagens. Depois disso, quando Lance Armstrong venceu o Tour de France, novamente todo mundo queria *road bikes*, embora jamais as adquirisse, acabando por dirigir suas *mountain bikes*, e já tivessem suas *road bikes* da época de Greg LeMond em perfeito estado, na garagem, sob uma fina camada de poeira.

Bem, a novidade é que, diferentemente dos *booms* acima mencionados, baseados, em sua maioria, no ciclismo recreativo, esse *boom* mais recente se baseia no ciclismo prático.

"Prático" é algo relativo, claro, uma vez que um dos principais componentes desse *boom* específico é a *bike* fixa urbana, mais ou menos tão prática quanto usar um *whippet*[23] como um burro de carga. Mas, ainda assim, tornou-se bastante popular no momento usar a bicicleta simplesmente como meio de transporte. Em toda parte, os

---

[23] Raça canina do grupo dos galgos oriunda do Reino Unido. [N. do E.]

jovens, quando vão passar o fim de semana nas casas de seus pais, nos subúrbios, vindos de qualquer que seja a cidade em processo de revitalização onde passaram a morar, estão retirando essas *mountain bikes* e *road bikes* LeMond de época das garagens, levando-as para a cidade e usando-as simplesmente para ir de um lugar para outro. Pode ser que estejam fazendo coisas horríveis com essas bicicletas – como pôr rodas de carbono aerodinâmicas e pneus coloridos – mas estão pedalando. E possivelmente esta é uma utilização melhor para essas bicicletas do que passar a vida mofando silenciosamente, em meio a ocasionais passeios de caridade sob a bermuda de *lycra* de seu dono negligente que usa um espelho no capacete e uma camiseta de ciclismo bem justa.

Mas, se aprendemos algo com a história do Jardim do Éden, são duas coisas:

1. Nunca confie numa serpente que fala.
2. As pessoas não conseguem resistir ao *marketing*.

E, da mesma forma que Adão e Eva, assim que você passa a ser mais de uma pessoa torna-se um grupo demográfico de *marketing*. Isso significa que nosso emergente *boom* de bicicleta de mentalidade prática já está sendo seduzido por uma série tão ampla de bicicletas, acessórios e potenciais identidades que antes mesmo de você vestir a segunda perna de sua calça tecnológica de butique de roupas justas confortáveis a primeira já saiu de moda.

E o que há de errado nisso? Ninguém está nos obrigando a comprar essas coisas, certo? Além disso, é bom ter opções. E não é um bom sinal para o futuro do ciclismo como transporte que haja uma procura por essas coisas? Perfeitamente sim... Tudo isso representa a "parte boa". A "parte ruim", porém, é que quando você põe muita lenha na fogueira, corre o risco de apagá-la. Havia também algumas boas bandas em Seattle, e eu não deveria ter que lembrar a você o que aconteceu quando o Nirvana se tornou popular – logo começaram a distribuir contratos de gravação grátis com a Sub Pop na compra de uma camisa de flanela, depois a coisa se tornou nacional, então Kurt Cobain se matou e por fim isso chegou a uma apoteose horrenda e enjoativa com o advento da banda Creed.

Da mesma forma, quando o ciclismo prático se tornar focado demais nos apetrechos, correrá o risco de ficar como todas as outras formas de ciclismo são: atividades estranhas, inescrutáveis, de nicho, para fetichistas limítrofes. Agora, não me entenda mal: eu mesmo sou um desses fetichistas limítrofes, e adoro me meter numa *lycra* como se fosse uma salsicha, para pedalar tanto recreativa quanto competitivamente. Porém, também adoro cumprir pequenas tarefas numa bicicleta caquética vestido como um debiloide, e é com esta forma de ciclismo, mais do que qualquer outra, que a população em geral mais tem a ganhar. Em se tratando de ciclismo prático, não deve haver barreiras de acesso, porque no momento em que uma pessoa pergunta: "Você realmente precisa da calça tecnológica?" e algum nerd de *bike* completo, com um cinto de náilon para guardar a tranca em U e um mosquetão cheio de chaves, como se estivesse prestes a subir num poste para consertar os cabos de energia, responde, "sim", está tudo perdido.

Todas essas ciclovias de nada adiantam se precisamos vestir uma roupa para utilizá-las.

De qualquer modo, é claro que algumas coisas decentes para a bicicleta podem certamente ser úteis, mas, assim como em tudo na vida, é importante manter isso em perspectiva. Para fazer isso, vale a pena ter uma ideia de como o ciclismo prático é vendido, de modo que você possa selecionar uma ou outra entre várias ofertas e até mesmo ignorar todas elas ao confrontá-las.

TIPOS DE BICICLETAS

Você poderia pensar que seria muito mais fácil comprar uma bicicleta para uso prático do que uma bicicleta de corrida. Tudo o que uma *bike* prática precisa fazer é levar você e suas coisas de um lugar para outro sem despencar, enquanto uma bicicleta de corrida precisa utilizar tecnologia de ponta para ter o melhor desempenho possível nas mãos de um ciclista competitivo. Não é isso o que acontece. Lembre-se: estamos falando aqui de pedalar, e quanto mais simples isso for, mais as pessoas precisam complicar.

A verdade é que comprar uma bicicleta de corrida é fácil, em grande parte porque são *bikes* que precisam atender a certos padrões determinados pelo órgão regulador de qualquer que seja a categoria na qual você está competindo. Tudo o que você tem a fazer é escolher um quadro leve, comprar um sistema de transmissão de uma das três únicas empresas que o fabricam, acrescentar rodas decentes e pronto. Claro, as pessoas são obcecadas por isso, mas em determinado momento o corredor calejado aprende que são quase as mesmas coisas com decalques diferentes.

As bicicletas práticas, por outro lado, são outra história, já que não existe um equivalente à Union Cycliste Internationale para o trânsito – apenas sua força policial local, que provavelmente alterna entre ignorá-lo e importuná-lo. Isso significa que várias empresas, fabricantes artesanais e montadores independentes disputam entre si para vender a você a interpretação do que eles acham que deve ser pedalar. Eis o que é popular no momento.

A bicicleta americana para uso urbano

Quando você está se deslocando, duas coisas são prováveis:

1. Você se deparar com tempo feio.
2. Você precisar carregar alguma coisa.

Depreende-se, portanto, que a bicicleta urbana incluiria dispositivos para instalar coisas como para-lamas e bagageiro. Naturalmente, portanto, o sistema atual da bicicleta urbana muitas vezes não leva em conta nenhuma dessas coisas, na medida em que tem como modelo a bicicleta de corrida. Além disso, não tem como modelo uma bicicleta de corrida qualquer, mas sim a bicicleta para corrida em pistas, criada para ser utilizada em ambientes fechados por pessoas com roupas colantes. Se existe uma forma de pedalar mais incompatível com a bicicleta urbana do que esta, ainda estou para ver.

Então por que no momento essas bicicletas são tão populares entre aqueles que se deslocam pela cidade? Bem, algumas pessoas lhe dirão que são "minimalistas", mas isso não é nem um pouco verdade. A verdade é que elas são exatamente o oposto, porque o que acontece é que todos os dispositivos que normalmente seriam incluídos na *bike* migram para o corpo do ciclista, o que resulta em um outro nível de compras que muitas vezes custam mais do que a bicicleta em si. Por exemplo, como a bicicleta não tem dispositivos para instalar bagageiro, o ciclista precisa usar algum tipo de bolsa, geralmente desenhada para uso na bicicleta, e muitas vezes em conjunto com algum tipo de coldre ou cinto com pochete. E como não há para-lamas para desviar a chuva e a areia, o guarda-roupa do ciclista deve repeli-los mas ainda assim parecer uma roupa comum – daí a calça tecnológica de duzentos dólares e outras diversas peças de roupa. O resultado são mil dólares em roupas e bagagens que, em essência, servem ao mesmo propósito que os cinquenta dólares em cestas e para-lamas. E mesmo assim não são suficientes, porque o dia de lavar roupa chega. Mesmo o debiloide mais empenhado não pode usar a mesma roupa *todo* dia. Por outro lado, os para-lamas nunca precisam ser trocados.

Bicicletas holandesas

Então o que você faz se essas bicicletas de corrida adaptadas não são para você? Bem, cada vez mais os americanos urbanos estão procurando as bicicletas de estilo holandês e outros modelos europeus. Diferentemente da bicicleta urbana americana, nascida no velódromo, a *bike* de estilo holandês é feita para que o trabalhador de escritório comum, que usa capa de chuva e leva uma maleta, possa montar nela e sem pensar com tanta facilidade e quanto uma profissional do sexo do bairro da luz vermelha em Amsterdã monta num turista chapado com um cinto de dinheiro cheio de cheques de viagem.

Porém, o que é funcional num país é um item de luxo em outro. Se você tem idade suficiente para se lembrar dos anos 1980, pode ser que se lembre daquelas histórias de russos pagando cem dólares por produtos americanos como calças *jeans* da Levis (isso antes de a Levis perceber que podia se dar bem cobrando o mesmo preço dos americanos – provavelmente foi assim que descobriram isso). Da mesma forma, a bicicleta holandesa – que em Amsterdã é alternadamente utilizada, negligenciada, roubada por drogados, atirada nos canais e depois dragada para que o ciclo da vida possa recomeçar – é o mais recente símbolo de *status* urbano nas cidades americanas cosmopolitas, comum em grandes fotos de revistas e vitrines de butiques, e que pode ganhar preços bem superiores a mil dólares.

Levando em conta a inerente praticidade e durabilidade da bicicleta holandesa, é razoável você pensar que o proprietário acaba amortizando o custo considerável – até perceber que outro problema da *bike*

holandesa é que ela é grande, pesada e de difícil manejo, e projetada para ser deixada do lado de fora. Isso funciona bem em Amsterdã, onde há estacionamentos para bicicletas ao ar livre, mas não tão bem em algumas cidades americanas como Nova York, onde os roubos são desenfreados e onde muita gente precisa guardar sua bicicleta dentro de apartamentos. Uma coisa é você morar num sótão adaptado, com um elevador de carga, mas é completamente diferente morar no quarto andar de um prédio sem elevador, e neste caso carregar sua corpulenta bicicleta holandesa escada acima exige um esforço semelhante ao de levar para casa um pugilista bêbado.

É claro que você pode deixá-la do lado de fora, como fazem os holandeses, mas não se esqueça que lhe custou mil dólares e, como qualquer bicicleta, pode ser roubada, removida pela polícia ou por um senhorio irritadiço, ou simplesmente destroçada rapidamente por um caminhão de lixo ou algum motorista inábil para estacionar seu carro numa vaga. Portanto, embora a bicicleta holandesa possa personificar o ciclismo simples, em grande parte dos Estados Unidos ela está mais para aspirante a símbolo de ciclismo simples, e na prática o custo é uma mudança volumosa e, muito possivelmente, uma hérnia.

Bicicletas de carga

Você mora numa cidade? Se mora, você tem garagem? É claro que não – você guarda a *bike* em seu apartamento. É por isso que você não tem uma bicicleta holandesa, certo? Bem, esvazie ainda mais esse espaço imaginário que você não tem, porque a nova moda é a bicicleta de carga.

Ela vem em muitas formas, mas entre os convencidos a mais desejada é a chamada *bakfiets* (ou *"bake feets"*[24], como eu as chamo),

---

[24] Em tradução livre, assa-pés. [N. do T.]

que – você adivinhou – é de origem holandesa e parece basicamente um carrinho de mão com duas rodas. Para funcionar, você joga qualquer carga que tem na parte do carrinho – as compras da mercearia, seus filhos, seu santuário a Al Gore – e a transporta para lá e para cá com sua própria força, numa demonstração desajeitada, mas majestosa, de autossatisfação. Em Nova York, tornou-se uma espécie de símbolo de status convencido, e já fui salmonado por ciclistas que carregavam nada menos que três crianças desnorteadas de uma vez.

Assim como sua prima mais ágil, a bicicleta holandesa, a *bakfiets* é mais ou menos tão adequada para a maioria dos ambientes norte-americanos quanto o SUV é para lugares como Amsterdã e Copenhague (não que os SUVs sejam adequados até mesmo para as cidades americanas). Agora, isso não é impugnar as bicicletas de carga em geral, que são ótimas por permitirem a você carregar todo tipo de coisa sem ter que comprar e levar bolsas de ciclista de grife ou amarrar objetos volumosos precariamente no bagageiro de uma bicicleta com uma distância entre os eixos relativamente pequena (desde que tenha lugar para guardá-la, naturalmente). Fico surpreso por sociedades que odeiam *bikes* serem tão avessas à bicicleta de carga, já que esta não inibe nosso estilo de vida de consumismo irrefletido. Digamos que você está indo do trabalho para casa e passa numa loja que pôs em liquidação algo que você realmente não deveria comprar, mas que está simplesmente barato demais para perder a oportunidade, como um caixote cheio de cereais Froot Loops por US$ 5,99. Numa bicicleta normal, você seria obrigado a perder a oportunidade, mas numa bicicleta de carga (ou num carro) você pensará, "Bem, por que não? Eu tenho espaço." E até o fim da semana terá comido tantas tigelas de açúcar e corante que estará tendo alucinações com tucanos. Acabo de perceber: deve ser por isso que nossa cultura é tão contrária às bicicletas – os americanos são exagerados; portanto, talvez muitos percursos épicos à Walmart ou à Costco em bicicletas de carga possam ser suficientes para mudar a maré.

Bicicletas dobráveis

A bicicleta dobrável é a prima pequena e desmontável da bicicleta de carga. Seria uma escolha óbvia para o típico morador de cidade, já que você pode botar até vinte *bikes* dobráveis numa única "*bake feets*".

Mais importante: você não precisa deixar uma *bike* dobrável do lado de fora. É impressionante como são caras algumas das bicicletas que as pessoas deixam trancadas do lado de fora – você poderia muito bem amarrar também um *laptop* de última geração. Se alguém resolver que quer sua *bike*, de um jeito ou de outro vai conseguir, e uma bicicleta dobrável obviamente evita essa preocupação. Além disso, você pode levá-la no trem ou no ônibus e modificar sua experiência de deslocamento.

O problema é que, dependendo de seu tamanho, você pode parecer um urso de circo se apresentando ao pedalá-la.

A *bike* dobrável também pode ajudá-lo a contornar as regras rígidas antibicicletas impostas pela sociedade, já que as bicicletas são bem-vindas num número de estabelecimentos ainda menor do que aqueles que aceitam fumantes e cachorros. Porém, tenho ouvido de donos de *bikes* dobráveis histórias sobre companhias áreas que cobram um extra para transportá-las, apesar de seu tamanho diminuto, e de sistemas de transporte público que as proíbem. Aparentemente, as bicicletas têm o mesmo poder de ofender, não importa quão pequenas sejam.

AS IMAGENS

Sua escolha de bicicleta é muito importante, em parte porque você precisa pedalar a coisa, mas principalmente porque essa coisa precisa complementar a imagem de ciclista que você escolheu para si mesmo. Um dos tipos favoritos recentes que está sempre na mídia é o *Cycle Chic*.

O *Cycle Chic* e suas várias versões

O *Cycle Chic*, antes de qualquer coisa, é sobre parecer "fabuloso" de um modo que pareça que você não anda de bicicleta. Eis algumas coisas que esse tipo gosta de usar:

- lenços
- saias
- sapatos de salto alto
- mocassins finos
- luvas de couro
- *tweed* (veja "Passeios de *Tweed*", página 161)
- suéter de tricô

Basicamente, a ideia é parecer Dick Cavett ou Anna Wintour, dependendo de seu sexo. Jornais como o *New York Times* publicarão um artigo sobre o *Cycle Chic* pelo menos duas vezes a cada estação do ano, e sobre como essas pessoas gostam de andar de bicicleta sem fazer estardalhaço por isso, embora seja óbvio que fazem estardalhaço por tudo.

Existem vários *sites* na internet que se dedicam a essa estética, como o Copenhagen *Cycle Chic*, um *site* estranhamente voyeurista que combina a defesa da bicicleta com fotografias de mulheres atraentes andando de bicicleta em ruas da Dinamarca com roupas que marcam a calcinha. Há também o Sartorialist, que é mais um *site* de moda em geral, mas que inclui muitos tipos *Cycle Chic*, a maioria vestida e posando como pilotos aéreos antigos, com uma aparência de quem deveria estar num biplano, e não numa bicicleta.

É incrível que muitos *Cycle Chic* defensores da bicicleta não apenas ignorem completamente o quanto é absurda sua aparência como também achem que levam outras pessoas a querer andar de bicicleta. De algum modo, eles acham que isso torna o negócio "acessível", o que é mais ou menos como o capitão de um iate incrivelmente caro achar que faz os passeios de barco parecerem acessíveis.

O *look* urbano

A contrapartida do *Cycle Chic* é o *look* urbano. Como a bicicleta urbana inspirada nas pistas de corrida tem poucos dispositivos para acessórios, todos esses assessórios migraram para o ciclista – mochilas, bolsas de carteiro modernas, coldres para trancas em U, estojos de ferramentas e cintos de utilidades são a ordem do dia. Consequentemente, os ciclistas urbanos cada vez mais dão a impressão de estarem prestes a descer um penhasco em rapel ou a instalar a TV a cabo para você.

A bagagem do ciclista, em particular, chegou a um ponto que está se tornando desnorteante, com empresas agora oferecendo bolsas em todos os formatos concebíveis, com mais bolsos do que uma orgia de cangurus. Isso porque os ciclistas urbanos precisam carregar todos os seus equipamentos relacionados à bicicleta o tempo todo – visto que qualquer coisa pode acontecer naquele percurso de oitocentos metros até o bar. E, para alimentar essa paranoia, as empresas de ciclismo urbano continuam lançando novas ferramentas e acessórios, todos com abridor de garrafa acoplado, já que aparente-

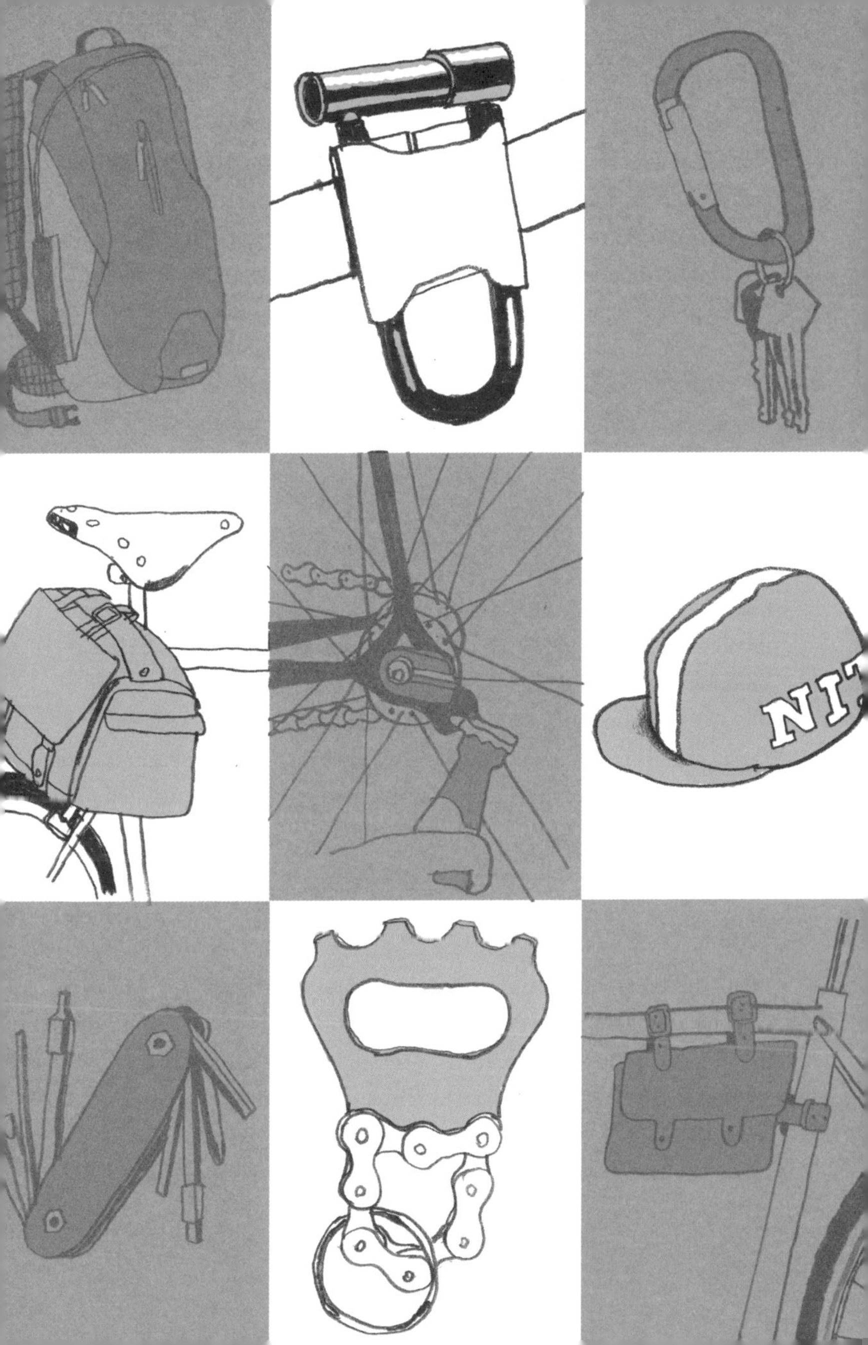
NIT

mente é ilegal criar um acessório de bicicleta que não sirva também como abridor de garrafa. Infelizmente, embora adore seus acessórios e aparelhos, o ciclista urbano também se sente muito desconfortável quando não têm um compartimento especial dedicado a cada um deles. (Estranhamente, essas mesmas pessoas ficam perfeitamente bem deixando as chaves de casa penduradas na calça por um mosquetão.)

"Onde devo pôr isso?!?", grita o ciclista urbano enquanto estuda sua nova ferramenta para caixa de direção/removedor de cassete/chave de corrente/faca para chanfrar selim Brooks/abridor de garrafa, tudo integrado. "Vou precisar de outra bolsa!"

Portanto, toda vez que uma nova ferramenta ou acessório são lançados, um fabricante precisa criar uma nova bolsa que inclua um bolso especial para essa ferramenta ou acessório, e estes estão ficando bem mais complicados do que as bicicletas fixas ostensivamente simples que devem complementar.

O resultado de tudo isso é um frenesi de fabricação de ferramentas e bolsas que está virando um turbilhão descontrolado e só acabará quando alguma empresa de ciclismo urbano aperfeiçoar um conjunto de roupa colante e bolsa numa única peça, do contrário as pessoas simplesmente começarão a morrer sob o peso de todas essas coisas.

OS FERIADOS

Os feriados têm uma função importante em nossa sociedade, permitindo-nos dispor de tempo para valorizar ou celebrar um grupo de pessoas, um acontecimento histórico ou algum aspecto do espírito humano, de modo que possamos nos sentir bem com nós mesmos e depois esquecer aquilo pelo resto do ano. Isso nos permite compartimentar nosso senso de responsabilidade. No Memorial Day, fingimos que guardamos nossos soldados no fundo de nossas mentes enquanto fazemos churrasco. No Dia do Presidente, homenageamos George Washington e Abraham Lincoln incorporando seus semblantes às propagandas e aproveitando grandes promoções nas lojas. E no *réveillon* resolvemos nos tornar pessoas melhores – pelo menos até a ressaca passar.

Naturalmente, o ciclismo também tem seu feriado, chamado "Mês da Bicicleta". Acontece em maio e está estrategicamente posicionado num ponto do calendário em que a maioria dos lugares da América do Norte está com clima agradável, mas as pessoas ainda estão sentindo os efeitos retardados da irritabilidade causada pelo confinamento no inverno e querendo experimentar praticamente qualquer coisa – inclusive ir de bicicleta para o trabalho numa infraestrutura de transporte que ou negligencia os ciclistas ou é hostil a eles, dependendo de sua localização específica.

As comemorações do Mês da Bicicleta também variam de cidade para cidade, mas os festejos geralmente culminam com algo como "Dia de pedalar até o trabalho", ou mesmo "Semana de pedalar para o trabalho" – se a população local não estiver a tal ponto fora de forma que uma semana inteira andando de bicicleta seria capaz de matá-la. (Dizimar uma cidade inteira não seria bom para a imagem ostensivamente saudável do ciclismo.) Durante esse período, legiões de pessoas desenterram bicicletas abandonadas ou negligenciadas em suas garagens ou porões, violam praticamente todas as leis de trânsito e regras de etiqueta ao pedalar, por pura ignorância, e depois parabenizam a si próprias por fazerem algo saudável por si mesmas e pelo planeta, até uma das seguintes opções acontecer:

- A semana ou o dia de ir ao trabalho de bicicleta termina.
- Essas pessoas quase são mortas por um carro.

- Junho chega, elas decidem que está quente demais para andar de bicicleta e recuam para as cabines refrigeradas de seus Volkswagen Jettas.

Na verdade, a maneira mais segura de garantir que o resto do ano *não* seja favorável às bicicletas é ter um Mês da Bicicleta, já que isso funciona de acordo com o mesmo princípio do bufê do tipo "coma quanto quiser". Os donos de restaurantes sabem que as farras de comida estão a seu favor, porque até mesmo o cliente mais guloso só consegue comer uma certa quantidade até ficar totalmente empanturrado. O mesmo acontece com o Mês da Bicicleta, após o qual a maioria das pessoas está mais do que disposta a voltar para seus carros, como um cliente empanturrado que finalmente chega ao banheiro. Em vez do "Dia de pedalar até o trabalho", deveria haver o "Dia de dirigir seu carro até o trabalho"; os engarrafamentos resultantes provavelmente incentivariam bastante as pessoas a procurarem outras formas de transitar. A fome gera apreciação; empanturrar-se gera náusea.

"OI, POSSO BRINCAR TAMBÉM?" TIPOS DE PASSEIOS EM GRUPO NÃO COMPETITIVOS

O anonimato no deslocamento está deixando você desanimado? Você procura a companhia de outros ciclistas num ambiente (teoricamente) não competitivo? Bem, existe todo tipo de passeio por aí e, dependendo de onde você mora, é possível participar de alguns deles ou de todos — contanto que você não se importe em sacrificar toda a sua dignidade e possivelmente ser preso. Eis alguns deles:

PASSEIOS DE CARIDADE

São o que parecem ser: passeios organizados que levantam fundos e promovem conscientização para uma causa. Aids, esclerose múltipla e câncer são apenas algumas das doenças que os participantes combatem pedalando.

PRÓS: São bem organizados, há áreas de descanso a intervalos regulares e são autorizados.

CONTRAS: Você tem probabilidade de ser abalroado tanto por um pretenso ciclista numa Serotta customizada quanto por um ciclista de primeira viagem numa *beach cruiser* ou por uma frota de bicicletas reclinadas.

PASSEIOS DE *TWEED*

Cada vez mais, em cidades do mundo inteiro, os ciclistas estão descobrindo o prazer de pedalar juntos vestidos como os contemporâneos de Júlio Verne.
PRÓS: Você tem que usar petrechos requintados como *bloomers*[25], bombachas e meias até o joelho, se esse tipo de coisa lhe interessa. Se você levar uma *penny farthing*, imediatamente se transformará numa celebridade no Instagram.
CONTRAS: Já viu o que o tweed pode fazer com a parte interna de uma coxa num dia de verão?

---
[25] Calças largas estreitadas nos tornozelos e usadas por baixo das saias. [N. do T.]

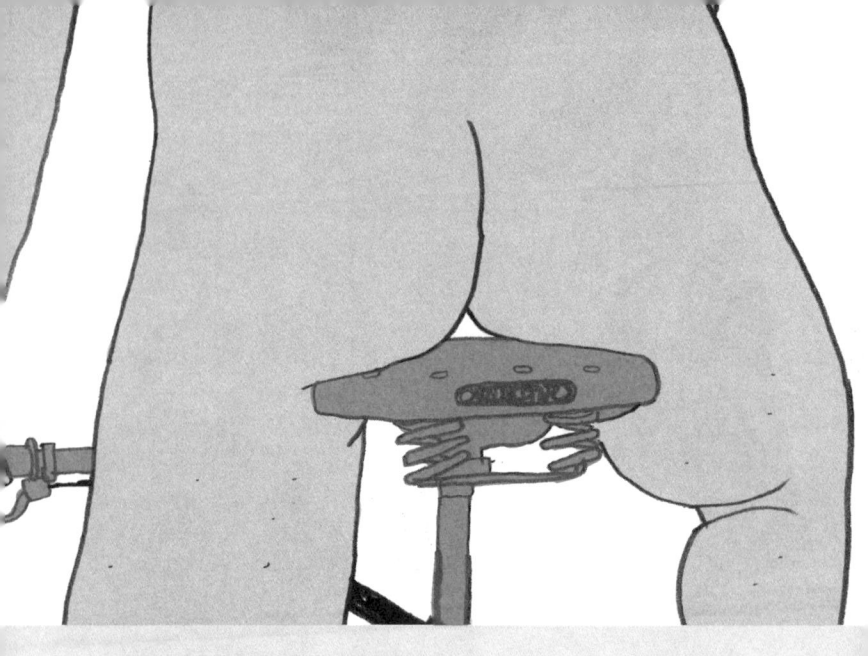

PEDALADAS PELADAS
São como os passeios de *tweed*, só que sem roupa.
PRÓS: Ciclistas nus.
CONTRAS: Ciclistas nus. Já viu a parte interna de uma coxa que foi exposta a *tweed* num dia de verão?

PASSEIOS DA MASSA CRÍTICA

Este é o *bad boy* dos passeios em grupo não competitivos, ou o Clube da Luta – exceto que, em vez de bater em pessoas, os participantes irradiam convencimento uns para os outros. Ostensivamente, a Massa Crítica é um movimento mundial sem líder em que os ciclistas se encontram de maneira natural na última sexta-feira de cada mês e defendem seus direitos às ruas emaranhando o trânsito. Em termos de "cultura de bicicleta", esta é a droga moderada que é porta de entrada para o mundo sórdido das corridas Alleycat ou das gangues de luta de bicicletas altas mutantes.

PRÓS: Você se sente um verdadeiro ativista de direitos civis, e provavelmente vai restabelecer contato com metade da sua turma da faculdade – os tempos de diretório acadêmico, lutas estudantis, passeatas...

CONTRAS: Você poderá se sentir um ativista de direitos civis *de verdade* quando for preso[26].

---

[26] Nos EUA, os passeios de Massa Crítica são coibidos pela polícia em algumas cidades, o que não tem ocorrido no Brasil nos últimos anos. [N. do E.]

Como o ciclismo é vendido

BIKES VERSUS CARROS:
POR QUE ESTAMOS LUTANDO?

Os carros não estão indo a lugar nenhum.

Não estou querendo dizer que eles não estão se *movendo*. Claro, eles passam um bocado de tempo se arrastando pelo trânsito – por toda parte, de cidade a cidade, de estado a estado, de país a país, e muitas vezes em direção a pedestres, ciclistas e entre si.

Não, o que quero dizer é que os carros não estão indo embora. Apesar de todos os problemas associados a eles, se você agarrar até mesmo o ambientalista mais convencido pela gola de sua camiseta de cânhamo, apertá-lo contra a parede de seu banheiro de compostagem, erguer-se sobre sua cara barbada e ameaçar pedir uma sacola plástica, e não de papel, na próxima vez que fizer compras na loja de produtos orgânicos, ele admitirá que o odiado carro é uma invenção incrivelmente útil. Mesmo pessoas que não o têm não deixam de tê-lo *por acaso*; elas estão o tempo todo apresentando grandes argumentos para não ter carro da mesma maneira que as pessoas que dizem odiar celebridades parecem ser incapazes de ignorá-las. Ou talvez elas participem de programas de "compartilhamento de carro", o que lhes permite dirigir um carro sem ter que lidar com a posse deste, e que é mais ou menos como dizer que você é vegetariano embora dê umas mordidas no hambúrguer de seu amigo. Neste sentido, os carros são muito parecidos com os telefones celulares: são aparelhos irritantes que fazem aflorar o pior de nós, mas ainda assim não conseguimos viver sem eles. A única diferença é que é muito difícil matar uma pessoa com um celular, a não ser que você o lance com uma precisão mortal como a de Naomi Campbell[27] (embora combinado a um carro o celular seja impressionantemente mortal – você pensaria que os iPhones vêm com um aplicativo "dirija e mate").

Considerando isso, alguns dos ciclistas mais convencidos vivem na eterna esperança de que a humanidade de algum modo perceba o erro de seus caminhos e rejeite completamente o automóvel, e de que voltaremos para uma espécie de idílio bucólico que nunca existiu, em que as damas e os cavalheiros sorriem e acenam uns para os outros quando passam deslizando por uma paisagem verde movidos exclusivamente por sua própria força.

Isso não vai acontecer.

É claro que seria muito mais "legal", mas nunca na história do mundo a humanidade abriu mão de uma invenção que torna nossas vidas incrivelmente mais fáceis, como o carro. Ninguém jamais disse: "Esse papel de jornal está sujando meus dedos, vou voltar a fazer sinais de fumaça." Supunha-se que a TV apodreceria seu cérebro e arruinaria seus olhos, mas em vez de desaparecer ela se tornou

---

[27] Referência ao episódio em que a modelo Naomi Campbell agrediu sua secretária atirando contra ela um telefone celular. [N. do E.]

cada vez maior e mais fina, e agora temos quatrocentos canais em vez de três. E os aviões ainda são o meio de transporte preferido no mundo para percorrer distâncias muito longas, embora terroristas ainda tentem arremetê-los contra edifícios e agora tenhamos que ser decompostos em nossos átomos, peneirados e remontados para embarcar neles. Portanto, se ainda não descartamos essas abominações, por que as pessoas desistiriam de seus carros?

É claro que nada disso significa dizer que o carro é inerentemente superior, ou deduzir que a bicicleta vai desaparecer ou ser *suplantada* pelo carro. Isso com certeza não vai acontecer, e na verdade é ainda menos provável que a bicicleta desapareça do que o carro. Em primeiro lugar, a bicicleta é mais antiga do que o carro (não muito, mas é mais velha) e ainda está aí. Em segundo lugar, existe uma máxima que diz: "Leve, forte e barato – escolha dois deles." Isso pode ser relativamente verdade, e é este o motivo pelo qual aquelas rodas Mavic de carbono tendiam a explodir, mas quando se trata da bicicleta em si, a máquina é, de fato, leve *e* forte *e* barata, *e* não se pode dizer nenhuma dessas coisas do carro. Se você for um pouco esperto, poderá provavelmente conseguir uma bicicleta em condições de uso pelo preço de um tanque de gasolina (reconheça-se, porém, que terá de chafurdar no inferno que é o Mercado Livre para consegui-la). Sempre haverá procura pelo tipo de transporte barato, eficiente e acessível que a bicicleta representa. O carro é ótimo quando você está viajando centenas de quilômetros na rodovia, com "Panama", do Van Halen, no aparelho de som e os pés descalços para fora da janela, mas qualquer pessoa que dirige um carro na cidade e enfrenta um trânsito pesado e a escassez de estacionamento inevitavelmente já passou por aquele momento frustrante de desespero em que pergunta a si mesma: "Que diabo estou fazendo com essa coisa?" É como se uma pessoa pedisse a você para vigiar um São Bernardo para ela ir correndo à loja e nunca mais voltasse.

Em outras palavras, o carro é para as pinceladas longas, enquanto a *bike* é para os detalhes da obra. O indivíduo moderno e bem equilibrado usa ambos de maneira complementar, e de acordo com a proporção de sua geografia e de suas necessidades relativas.

Ainda assim, por algum motivo, parecemos ser incapazes de conceber um mundo onde as pessoas mudem automaticamente de um meio de transporte para outro, dependendo de onde estão indo e do que estão fazendo – e, o que é mais importante, um mundo onde as pessoas não gritem "Babaca!" umas para as outras. Em vez disso, nossa cultura parece querer que juremos lealdade a um veículo em detrimento de outro. É por isso que somos constantemente inundados por reportagens estúpidas sobre o debate *bikes versus carros*. Digite essa frase em seu mecanismo de busca na internet e você encontrará milhares de artigos sobre o tema, acompanhados de centenas de milhares de comentários irados de leitores dizendo uns aos outros para dar o fora das ruas.

Em nossa cultura, você não é apenas uma pessoa. Você é o que você dirige. Não importa que o que está dirigindo mude diariamente ou a cada hora. Isso é complicado demais. Supõe-se que você e seu veículo juram eterna lealdade um ou outro.

A verdade é que o debate sobre a legitimidade de *bikes versus* carros é uma discussão tão estúpida quanto possível – é como discutir fornos micro-ondas versus churrasqueiras. Algumas pessoas usam um ou outro, outras não usam nenhum dos dois e outras ainda usam ambos. E é claro que ambos cozinham a comida, mas ninguém vai supor que se você tem um deles é porque se opõe ao outro. Isso porque a maioria de nós é inteligente o bastante para entender que, quando você está esquentando a comida que sobrou da noite passada, não vai acender a churrasqueira, e que, quando você convida alguns amigos para comer e beber cerveja ao ar livre, não vai levar seu micro-ondas para o quintal, amarrar seu avental e servir os hambúrgueres congelados de caixinha que comprou no supermercado (a não ser, é claro, que você queira perder todos os seus amigos ou que você seja um *hipster* extremamente irônico).

Mas quando se trata de integrar nossos transportes, temos a mente tão fechada quanto os racistas de pouco tempo atrás. Para a maioria de nós hoje em dia, a ideia de que, digamos, brancos e negros não deveriam ter permissão para se casarem uns com os outros é tão antiquada que já nem é profundamente ofensiva, mas simplesmente estranha e risível – o tipo de coisa que um nonagenário senil poderia dizer ao pôr sem querer sua dentadura no micro-ondas (ou na churrasqueira). Mas diga à maioria das pessoas que você anda de bicicleta e elas automaticamente vão supor que você odeia carros. E escreva um *livro* sobre andar de bicicleta e elas pensarão que você é algum tipo de fanático. Depois que meu livro *Bike Snob* foi publicado, entrevistadores de rádios me faziam rotineiramente perguntas como: "Por que você odeia os carros?" Certa vez, um fotógrafo chegou a sugerir que eu vestisse uma camiseta com a frase "Fodam-se os carros" para fazer uma foto. Por que é tão difícil para eles imaginar que um ciclista pode gostar de uma coisa sem odiar outra? Ninguém jamais pergunta a jogadores de beisebol por que eles odeiam tanto hóquei, e aposto que ninguém jamais disse ao Encantador de Cães[28] para vestir uma camiseta com a frase "Fodam-se os gatos".

---

[28] Referência ao programa de TV em que o apresentador César Millán lida com cachorros que têm problemas de comportamento. [N. do T.]

Eu sei o que você está dizendo: "Há uma diferença importante. Os motoristas atropelam ciclistas o tempo todo, mas César Millán nunca incitou um pastor-alemão a atacar um gato siamês." É verdade. Porém, isso não significa que *bikes versus carros* seja um debate legítimo. Na verdade, é uma cortina de fumaça – uma maneira fácil de os políticos e a mídia deixarem as pessoas com raiva umas das outras. Quando você afasta a fumaça, fica óbvio que os dois veículos são complementares e que a única discussão razoável é para que se integrem completamente.

Vejamos o ciclista típico. A não ser que ele ou ela seja um daqueles tipos ultraconservadores que recusam qualquer interação com o odiado veículo a motor, ele ou ela provavelmente o utiliza de vez em quando. Talvez tomando um táxi para o aeroporto ou alugando um carro para visitar um lugar onde as coisas ficam distantes e o transporte é escasso. Talvez fazendo uma viagem de carro com a família e os amigos. Ou talvez porque *realmente possua um carro*. Sim, quer você acredite ou não, muitos ciclistas têm carro. Ter uma *bike* e um carro não é uma espécie de paradoxo cósmico que levará o universo a um colapso. Confie em mim, a Yakima e a Thule[29] não estariam vendendo tantos bagageiros de teto se as pessoas não estivessem usando *bikes* e carros juntos. Onde as pessoas acham que esses bagageiros são instalados? Em cavalos? (De qualquer modo, os artesãos Amish sem dúvida dominariam o mercado de bagageiros de bicicleta equinos.)

Além do carro, o ciclista típico (por ser, no fim das contas, um cidadão do mundo moderno) também utiliza muitos outros tipos de

---

[29] Empresas que dominam o mercado de suporte de bicicleta para carro e bagageiro de teto. [N. do E.]

transporte dependendo das circunstâncias, incluindo trens, ônibus, barcos, aviões e, de vez em quando, até os próprios pés.

Quando você desce de um avião num aeroporto, um repórter lhe pergunta por que você odeia os carros? Ou os trens? Ou, a propósito, as bicicletas? Quando você salta de um carro tem alguém ali lhe perguntando por que você odeia todos os outros tipos de transporte? Não. Mas, graças a essa coisa de *bikes versus* carros, se você entrevista aquele mesmo ciclista sobre ciclismo, ele será obrigado a prestar contas sobre si mesmo e responder à mesma pergunta irritante:

"Por que você odeia tanto os carros?"

Então de onde vem tudo isso? Sim, é uma cortina de fumaça, mas como a máquina de fumaça funciona, para início de conversa? Claro, o debate *bikes versus* carros é em grande parte uma invenção da mídia, graças principalmente ao fato de inspirar comentários indignados e "guerras inflamadas" que alimentam os *blogs* e os bruxuleantes fantasmas eletrônicos das falecidas entidades de mídia conhecidas como "jornais". E, claro, isso também se deve em parte aos tipos de ciclistas anteriormente mencionados, que pensam que o veículo a motor é inerentemente maligno e se recusam a reconhecer sua legitimidade. Mas principalmente, assim como qualquer ideia equivocada e contraproducente, isso é fomentado em grande parte por simples ignorância. Pense, por exemplo, nos tipos de pessoas que *nunca* andam de bicicleta.

Veja, não há nada de errado nisso – algumas pessoas também nunca pilotaram um barco. Mas há uma diferença entre nunca usar alguma coisa por ela não ter utilidade para você e não entender que para outras pessoas ela tem utilidade. Infelizmente, é isso que acontece com algumas pessoas que dirigem carros mas nunca bicicletas – as *bikes* não têm utilidade para elas e, portanto, elas concluem que são inúteis e que não "pertencem" àquele lugar. É como alguém que vive no deserto decidindo que os barcos devem ser banidos.

Além do mais, quando pessoas veem alguém de bicicleta, essas ficam irritadas porque não entendem o que estão vendo. Numa daquelas entrevistas no rádio em que fui forçado a prestar contas sobre mim mesmo como ciclista, um ouvinte telefonou querendo que eu me compadecesse dele pelo fato de, ao dirigir, às vezes se deparar com ciclistas. Então (horror dos horrores), ele às vezes tinha que *reduzir a velocidade* para passar por eles em segurança. Não parecia ter qualquer "solução" para esse suposto problema. Em vez disso, queria principalmente que eu sentisse sua aflição e, suponho, oferecesse algum tipo de reconhecimento de culpa.

Por acaso, a audiência desse programa de rádio específico estava mais ou menos no meio do nada, e eu sabia disso porque – sem o conhecimento do ouvinte, que provavelmente supusera que eu nunca havia saído da "cidade grande" – já estivera ali antes e passara de carro exatamente pelo meio do nada de onde ele estava telefonando. Consequentemente, eu sabia que essas ocorrências enlouquecedoras, os "engarrafamentos", não aconteciam ali (a não ser, eu suponho, que um caminhão de madeira virasse na pista) e que ele estava reclamando simplesmente de ter que, de vez em quando, apertar levemente o pedal do freio com seu sapato e em seguida virar o volante a dois graus enquanto estava a caminho de seu destino. Não tenho a menor ideia do motivo pelo qual isso poderia ser qualificado até mesmo como uma inconveniência, a não ser que depois de alguns anos desgastasse ligeiramente seu pneu de maneira desigual.

Enquanto eu ouvia sua sincera reclamação sobre ter que executar uma série quase imensurável de movimentos físicos, ocorreu-me que eu acabara de tropeçar na causa de todo o debate *bikes versus* carros. Não são os motoristas assassinos, nem os ciclistas fora da lei, nem a carnificina nas ruas. São os milhões de pessoas que, em toda parte, atrás de volantes de veículos a motor, ficam simplesmente irritadas com a visão de pessoas andando de bicicleta, embora não estejam sendo incomodadas por elas, e os diversos veículos de mídia que estimulam e justificam sua irritação.

Isso ao mesmo tempo me aborreceu e me deixou aliviado. Por um lado, eu estava feliz por finalmente perceber que tudo isso não é realmente mais sério do que as pessoas não gostarem do toque do celular dos outros. Por outro lado, questões igualmente inócuas resultaram em guerras e genocídios de verdade. É como ter Christina Aguilera no toque do celular e esfaquear alguém por seu telefone tocar Britney Spears.

Como muita gente vê os ciclistas como pouco mais do que uma inconveniência, o ciclista ocupa um lugar estranho em nossa cultura e, consequentemente, experimenta a "Consciência do Transeunte Duplo".

O grande intelectual W.E.B. Du Bois dizia que os negros dos Estados Unidos tinham o que ele chamou de "consciência dupla" – uma autoimagem singularmente complexa, porque, como americanos, eles não conseguiam deixar de se ver, em parte, da mesma forma como os americanos brancos preconceituosos os viam. Conforme ele explica em *The Souls of Black Folk*:

> *É uma sensação peculiar essa consciência dupla, essa impressão de sempre olhar para si mesmo com os olhos de outros, ou de medir a alma de alguém com a trena de um mundo que olha com divertidos desprezo e pena. A pessoa sempre sente suas duas condições: americano e negro; duas almas em conflito, dois pensamentos, dois esforços irrecon-*

ciliados; dois ideais em conflito num único corpo escuro cuja força obstinada por si só o impede de ser separado em partes.

Os ciclistas também experimentam uma "consciência dupla" quando circulam por aí. Criados numa sociedade em que os carros são a norma, todos nós somos bastante conscientes de que muitos motoristas nos veem como um (ou mais de um) dos seguintes itens:

- inconveniências rodantes que usam as estradas sem pagar o suficiente;
- ecoguerreiros irritantemente convencidos, fracotes e liberais que podem ou não ser homossexuais;
- crianças que cresceram demais e pertencem à calçada;
- mensageiros de bicicleta viciados em adrenalina e com *piercings* escondidos, que dormem em colchões sem lençol e moram em sótãos sem calefação que dividem com vários companheiros;
- alguma variação de um velho mané: o "metido a Lance Armstrong em uma roupa de *lycra*".

Todos os ciclistas já se depararam com essas generalizações, na mídia ou quando estavam pedalando, ou porque um parente ou colega de trabalho não percebe que você anda de bicicleta, porque naquele momento você não está vestindo *lycra*. Naturalmente, portanto, como disse Du Bois, esses estereótipos se tornam parte da autoimagem do ciclista, e seu comportamento pode às vezes ser denunciado por eles de diversas maneiras, inclusive as seguintes:

- "Todo mundo espera que eu fure o sinal, então eu poderia muito bem fazê-lo."
- "Essas leis foram feitas para proteger os motoristas e não a mim; ninguém se importa se estou vivo ou morto, então eu

poderia muito bem furar o sinal."
- "Vou buscar a aceitação de uma cultura alternativa usando um boné de ciclista sujo, pedalando uma fixa e fazendo *piercings* em partes escondidas do corpo."

Por acaso, nada disso exclui a posse de um carro, porque mesmo a pessoa mais declaradamente contrária aos carros pode apresentar uma explicação para aquele veículo a motor na garagem de sua casa. (Geralmente, alguma variação de: "Foi presente de aniversário/casamento/formatura de meus pais, e, se eu fosse vendê-lo ou dá-lo, poderia cair nas mãos da pessoa errada.") A questão é que se você usa um meio de transporte marginalizado, mesmo que só uma parte do tempo, então você é um marginal. É assim que funciona, e é por isso que temos vários grupinhos subculturais que se autodenominam "cultura de *bike*".

A pior parte de tudo isso é que é quase impossível ser apenas uma pessoa comum que anda de bicicleta. Se você usa o carro como meio de transporte e a bicicleta apenas para ficar em forma e para recreação, então talvez consiga, mas certamente se usa a bicicleta para se locomover *em geral*, então você é um dos muitos estereótipos de ciclista que os motoristas odeiam. Ao mesmo tempo, os ciclistas também esperam que você se encaixe em uma das muitas subculturas baseadas no ciclismo. É como ir para a prisão: o carro é aquele grandalhão careca cheio de tatuagens de suástica que quer matar você, e você acha que precisa fazer parte de uma gangue para continuar vivo.

Mas nada disso é necessário, e podemos e devemos abandonar toda essa coisa de *bikes versus* carros, juntamente com o resto de nossa bagagem. Como nenhum desses veículos será extinto, é vital para nós, ciclistas, aceitar o fato de que, no fim das contas, é tão provável que a espécie humana desista dos carros quanto dos computadores. É importante reconhecer essa indelebilidade dos veículos a motor por dois motivos:

1. A negação não é saudável. Posso odiar a música de Billy Joel o quanto eu quiser (e odeio), mas em determinado momento preciso aceitar que sua música está profundamente entrelaçada à cultura popular americana e, consequentemente, não posso esperar evitar qualquer contato com ela. Gostando ou não, vou ouvi-la de vez em quando no supermercado e tenho que estar em paz com isso. Não posso perder minha paciência, dar um soco na prateleira e quebrar todos os ovos. Da mesma forma, se você anda de bicicleta, vai se deparar com carros e, por mais irritantes que eles possam ser, gritar para eles e bater neles não vai ajudar.

2. Ao nos recusarmos a reconhecer o direito do motorista de dirigir seu veículo, não estamos sendo melhores do que o idiota que pensa que os ciclistas são apenas crianças crescidas demais tornando o trânsito mais lento com nossos brinquedos e que nos diz "Vá para a calçada". É fácil saber, no fundo de seu coração, que você está certo e outra pessoa está errada. Eu sei – sei – que "Italian Restaurant", de Billy Jool, é uma música cafona, melosa e irritante, e que as pessoas que gostam dela têm mau gosto. Da mesma forma, muitos ciclistas sabem – *sabem* – que as bicicletas não poluem, são ecológicas e nos deixam livres, enquanto os carros são máquinas que soltam fumaça, queimam recursos e matam o planeta. Porém, o mais difícil – e muito mais importante e necessário – é perceber que, como dizia Sócrates, "eu sei que nada sei". Porque no momento em que você está certo, alguma outra pessoa está errada. E no momento em que existem o certo

e o errado, estamos todos com problemas. Esse é aquele momento em que Adão veste a folha de figo, Caim mata Abel e a história humana se torna uma série de guerras entre as forças arbitrárias do "bem" e do "mal".

Depois que aceitamos isso, como Transeuntes Eleitos, podemos circular por aí transcendendo todo o rancor com os transportes e criar um mundo onde vizinho compartilha a estrada com vizinho, onde o motorista do caminhão de entrega acena para o ciclista da bicicleta reclinada, onde o motoqueiro reclinado em sua moto cofia a barba em alegre saudação à "Godzilla Bonita[30]" em sua bicicleta holandesa, onde ela, em troca, abstém-se de salmonar e quase furar um pedestre infeliz com a inevitável baguete em sua cesta, e assim por diante.

É claro que também precisamos fazer isso na esperança de que os motoristas que não são ciclistas nos aceitem, de que nós os aceitemos e de que nossas cidades e estados funcionem para nos acomodar, mas não podemos contar que isso aconteça. A triste verdade é que a infraestrutura que os deuses dão, os deuses tiram.

---

[30] Um tipo particular de ciclista "fêmea" urbana que anda como se o resto do mundo fora criado simplesmente para render-se a ela. [N. do E.]

O QUE HÁ POR TRÁS: O PRECONCEITO VEICULAR

Como ciclistas, muitas vezes somos vítimas do preconceito veicular. Também podemos ser preconceituosos, como aquele ciclista que acha que todos os motoristas são maus.

Mas, e os outros veículos? Para alcançar a verdadeira iluminação, precisamos nos dispor a aceitar todos os veículos, e estou aqui para dizer a você que isso não vai ser fácil. (Certamente ainda não cheguei lá, já que nem morto eu faria a maioria dessas coisas.) Eis apenas alguns dos veículos muitas vezes caluniados com os quais frequentemente nos vemos compartilhando as pistas.

LONGBOARDS

Longboards são basicamente *skates* longos, sendo cada vez mais comuns nas grandes cidades. Assemelham-se aos patins *in line*, no sentido de que são rodas sobre as quais você fica em pé, mas são menos ameaçadores, no sentido de que se movem diretamente para frente, como as bicicletas. Infelizmente, minha experiência diz que eles tendem a se mover na sua direção, já que muitos praticantes de *longboard* "salmoneiam" perversamente. Além disso, eles tendem a ser quase insuportavelmente descolados e lacônicos, o que pode ser frustrante no contexto do trânsito.

SEGWAYS

É fácil sentir desprezo por esses púlpitos imbecis, esses estranhos pódios rolantes, esses carrinhos de bagagem de aeroporto dos infernos, mas por quê? Seria pelo fato de serem rápidos demais e grandes demais para a calçada, mas lentos demais para a ciclovia? Seria por causa do jeito convencido com que seu condutor se inclina para frente ao vento, como um cachorro pondo a cabeça para fora da janela de um carro? Ou seria apenas porque escondemos um medo secreto de que o *Segway* seja o veículo do futuro e de que, de uma só tacada cruel e imbecil, pareçamos ter desfeito milhões de anos de evolução abdicando de nossa capacidade duramente conquistada de caminhar?

Sim.

PATINS *IN LINE*

Tende piedade desses pobres patinadores, assim como de nós, de muitas maneiras. Eles circulam pelo trânsito, usam roupas de *lycra* para ir mais rápido e até jogam hóquei sobre patins, que é basicamente a mesma ideia do *bike polo*. Também se movem apenas com sua própria força, mas, em vez de terem uma máquina entre eles e a rua, preferem prender rodas diretamente em seus pés. Ainda assim, nós os ridicularizamos e os reduzimos ao nome de uma marca — Rollerbladers — o que seria como se eles nos chamassem de caloieiros ou monarkeiros.

Então o que há nesses patinadores que tanto nos ameaça? Bem, realmente, tudo se resume à maneira como eles balançam os braços para frente e para trás a fim de manter o impulso. Como ciclistas, mesmo o pior de nós se move diretamente para frente, e ultrapassar um desses patinadores numa ciclovia é como tentar passar por um gorila em correria. Além disso, já é ruim o bastante quando outro ciclista anda na sua roda, mas se algum patinador já andou na sua roda você sabe que é muito mais perturbador, com aqueles braços balançando e entrando e saindo de sua visão periférica como salames ao vento.

CORREDORES

É claro que um corredor não é um veículo. É um pedestre que está se exercitando – e os pedestres merecem todo o nosso respeito. Porém, como o corredor está correndo com objetivos de ficar em boa forma física ou de recreação (e não por estar extremamente atrasado ou devido à iminência de um ataque de urso), isso muda consideravelmente a dinâmica.

A relação entre o corredor e o ciclista é consideravelmente tensa. Isso em parte porque muitas vezes compartilhamos pistas de recreação, e os corredores tendem a fazer coisas frustrantes como parar de repente no meio de nosso caminho e dar uma meia-volta abrupta quando estão usando fones de ouvido. Também, por algum motivo, nossa sociedade tem consideravelmente mais respeito pelos corredores do que pelos ciclistas. Os maratonistas são bajulados pela mídia de notícias local e celebrados por se esforçarem para superar o "seu melhor". Os ciclistas, por outro lado, são considerados os guerreiros de fim de semana vestidos de *lycra*.

Os corredores também podem ser convencidos, mas não pelos mesmos motivos dos ciclistas. São convencidos porque são indivíduos em boa forma física se esforçando para superar o "seu melhor", enquanto os ciclistas são convencidos porque estão "salvando o planeta" ao usarem a bicicleta como meio de transporte "ecológico". (Os corredores não podem fazer essa afirmação, já que muito poucos deles usam a corrida como meio de transporte.) De qualquer modo, quando convencimento enfrenta convencimento, ninguém sai ganhando.

É claro que em algum lugar entre uns e outros temos os triatletas, embora estes sejam mais como uma espécie de agente duplo (ou, tecnicamente, triplo) e praticamente ninguém confia neles.

BICICLETAS ELÉTRICAS

As bicicletas auxiliadas por eletricidade têm tido avanços tremendos ultimamente. Elas apresentam todo tipo de benefício: desde ajudar pessoas com problemas físicos a pedalar até facilitar o transporte de cargas em bicicletas.

Infelizmente, há também um trágico efeito colateral, que é o fato de elas ampliarem o mau ciclismo.

Pense na guitarra elétrica: nas mãos de um virtuose, faz sons agradáveis, mas, quanto tocada por um idiota com dez polegares, só faz aumentar o sofrimento exponencialmente.

Este é o caso de Nova York, onde os entregadores de comida adotaram a bicicleta elétrica e agora se movem pela calçada a trinta quilômetros por hora, e não a menos quinze quilômetros por hora, o que era sua capacidade anteriormente. E, apesar de terem baterias, ainda estou para ver uma única dessas bicicletas equipada com luz. Isso as torna verdadeiros mísseis de cruzeiro, só que suas ogivas consistem basicamente de bolsas cheias de *yakisoba*.

PAGANISMO:
POR QUE AS PESSOAS NÃO ANDAM DE BICICLETA

Toda essa conversa sobre aceitação levanta outra questão: se os ciclistas são os Transeuntes Eleitos, devemos fazer proselitismo? Faz sentido tentar convencer as pessoas a viver como vivemos e adotar a bicicleta? Isso é sequer possível?

Mesmo hoje em dia, ainda é difícil que a ideia de usar a bicicleta simplesmente como meio de transporte entre na cabeça das pessoas, o que é irônico, porque este é o tipo de ciclismo que menos exige pensar. Num certo sentido, isso é surpreendente, mas em outro sentido é perfeitamente lógico, já que as pessoas tendem a ignorar a solução mais simples. Isso porque, se é barato demais e não há grifes envolvidas, elas imaginam que estão fazendo uma escolha ruim. Este é o mesmo motivo pelo qual as pessoas pagam um dinheirão pela água Fiji® quando tudo o que precisam fazer é abrir a torneira do filtro e a boca.

Portanto, se as pessoas preferem pagar a mais por um componente da vida essencial como a água, dispondo de um litro de cada vez ao invés de partilhar um sistema de abastecimento de água que deixaria impressionados nossos ancestrais sedentos que manuseavam varas de vedor, que esperança há em andar de bicicleta?

Assim como a água, circular por aí é uma necessidade. Além disso, as bicicletas estão por toda parte e, assim como a água, são relativamente baratas (embora, diferentemente da água, felizmente não caem do céu, porque eu não gostaria de ser atingido na cabeça por um tandem). Mas, em vez de tomá-las como certas, como deveríamos fazer, e utilizá-las sem fazer uma enorme confusão por isso, preferimos a postura da água mineral de grife. Isso tende a ofuscar a natureza prática do ciclismo, em vez de revelá-la.

Isso explica todos esses modismos para transitar. É por isso também que nós, como cultura, ficamos muito mais confortáveis com os ciclismos recreativo e competitivo do que com o ciclismo prático. Porém, assim como no caso da água Fiji®, se você pensar, esses tipos de ciclismo são meio absurdos, principalmente quando envolvem os seguintes comportamentos:

- Haver lugares específicos para andar de bicicleta.
- Acompanhar obsessivamente dados de desempenho, como quilometragem e potência, enquanto você pedala (também conhecido como o método "se você não consegue baixar os dados do passeio no computador, então esse passeio não aconteceu").
- Considerar tempo perdido qualquer passeio durante o qual os dados não são monitorados ou durante o qual você não está cumprindo a quilometragem de seu plano de treinamento.

Nada disso quer dizer que eu tenha qualquer coisa contra o ciclismo recreativo; longe disso. Sou fã ardoroso e participante de corridas de *bike* competitivas, e boa parte de meus passeios é do tipo com roupa de *lycra*. Viajei literalmente centenas de quilômetros para pedalar em círculos durante 45 minutos (essa atividade é conhecida como "ciclocross") e, ainda por cima, não me sinto nem um pouco culpado por isso. Não apenas me diverti como não importunei qualquer pedestre nem disse a meus companheiros ciclistas "Vá para a calçada", e acredito que, desde que você dirija seu veículo com responsabilidade e compaixão, não importa o tipo de veículo.

Ainda assim, o ciclismo de certa maneira se meteu numa sinuca de bico (ou, mais precisamente, se meteu numa roupa colante). Quando usada recreativamente, a bicicleta não é bem um veículo, mas sim um equipamento esportivo que tem mais a ver com uma raquete de tênis ou um par de esquis. Portanto, embora a maioria das pessoas no país ache ligeiramente estranho usar a bicicleta como meio de transporte, elas entendem que a *bike* é um equipamento esportivo. Ainda que as pessoas achem a bicicleta irritante desde o final do século 19, esta continua sendo bem mais popular do que outros equipamentos esportivos, incluindo raquetes de tênis e esquis. Na verdade, algumas estimativas posicionam o ciclismo como a sétima atividade recreativa mais popular nos Estados Unidos. Aparentemente, as únicas atividades recreativas mais populares do que o ciclismo são:

- caminhar
- nadar
- acampar
- pescar
- exercitar-se com equipamentos (suponho que isso se refira a pesos, aparelhos de musculação, esteiras elétricas

em forma de escada, aparelhos estranhos para achatar a barriga vendidos por Suzanne Somers etc.)
- boliche

Portanto, quando vai de bicicleta a uma loja, você é meio que um esquisitão usando um "transporte alternativo", mas, quando está subindo um morro e sentindo uma dor miserável sem motivo algum, você está realizando a sétima atividade recreativa mais popular nos Estados Unidos. A impressão é de que deveria ser o contrário.

Então, se o ciclismo é de fato a sétima forma de atividade física sem propósito mais popular no país, isso não é por acaso, porque o número sete é altamente significativo. Trata-se do menor número que não pode ser representado como a soma do quadrado de três números inteiros. (Não tenho a menor ideia do que isso significa, mas é verdade.) De acordo com o Gênese (o livro da Bíblia, não a banda), a Terra foi criada em sete dias, e a Bíblia em geral é claramente cheia deste número. Existem sete pecados capitais. Este é também o número de um trem do metrô que leva você a Flushing[31]. Você pode até relembrar a famosa lista, feita por George Carlin, dos sete palavrões que jamais se pode dizer na televisão, e que eram:

- merda
- mijo
- foder
- boceta
- babaca
- filho da puta
- tetas

---

[31] Bairro localizado na região do Queens, que concentra hoje uma das maiores comunidades asiáticas em Nova York (uma espécie de Chinatown fora da ilha de Manhattan). [N. do E.]

Isso é importante, porque quanto mais comum uma coisa é, mais queremos escondê-la – e mais complicada se torna nossa relação com essa coisa. O fato é que essas palavras proibidas dizem muito sobre nossa sociedade, na medida em que todas elas descrevem coisas muito comuns – simples partes do corpo, simples funções do corpo ou simples atos sexuais – à exceção de "filho da puta", é claro, que realmente é bem desagradável.

De qualquer modo, tememos essas palavras porque, desde que fomos expulsos do Jardim do Éden, temos tido uma relação muito desconfortável com nossos corpos e desejos. Tão desconfortável que sequer conseguimos falar publicamente sobre ir ao banheiro. Nossa rigidez geral está aumentando também. Há mais de dois mil anos, Sófocles escreveu *Édipo rei*, uma peça inteira sobre um cara que fodeu com a mãe, e agora não podemos sequer dizer "foder". Claramente, para o bem ou para o mal, estamos ficando mais rígidos à medida que os anos passam.

Da mesma forma, você também pode dizer muito sobre nós por meio de nossas sete atividades recreativas mais populares, e não é por caso que o ciclismo é a sétima mais popular. Mais uma vez, essas atividades são:

- caminhar
- nadar
- acampar
- pescar
- exercitar-se com equipamentos
- boliche
- ciclismo

Assim como os sete palavrões, todas essas atividades se baseiam em simples funções da vida (à exceção do boliche, que é uma espécie de "filho da puta" dessa lista) das quais nos distanciamos com o passar dos anos. Nós as abstraímos e as transformamos em atividades recreativas que exigem roupas especiais e equipamentos. Caminhar, acredite você ou não, era algo que fazíamos para ir de um lugar a outro. Assim como, em menor proporção, nadar, embora também praticássemos isso para mergulhar em busca de alimento e como defesa para não nos afogarmos. Acampar, é claro, era simplesmente viver – nos Velhos Tempos, antes das casas e dos hotéis, todo mundo acampava porque esse era o padrão. Pescar, por sua vez, era um meio de subsistência, e às vezes usado em conjunto com nadar. Exercitar-se com equipamentos – ou, como prefiro dizer, levantar coisas pesadas – era, assim como acampar, algo que fazíamos habitualmente (construir pirâmides, resgatar amigos em avalanches, arar a terra e assim por diante).

O boliche, por outro lado, era quase certamente um jogo desde o início – tenho quase certeza de que nunca foi uma forma de caçar que tenha evoluído para se tornar uma atividade recreativa. É por isso que o boliche é o "filho da puta" da lista. Assim como o filho de uma puta, é uma construção social, que não serve a propósito prático algum na natureza.

E em seguida vem o ciclismo. A bicicleta, conforme a conhecemos, foi inventada no final do século 19, numa época em que os trabalhadores estavam começando a ter algo chamado "tempo de lazer" – que, é claro, eles desperdiçavam montando barracas, embora tivessem casas perfeitamente adequadas; nadando para se divertir, e não por sobrevivência; e levantando coisas pesadas voluntariamente. Por esse motivo, quando a bicicleta chegou, a classe do lazer ficou louca por ela imediatamente e começou a explorar sua capacidade recreativa, com suas pantalonas e bigodes do tamanho de guidões balançando majestosamente ao vento. Os carros baratos chegaram algumas décadas depois, e então se estabeleceu o padrão (pelo menos nos Estados Unidos) na mente do cidadão comum: *bikes* para se divertir, carros para se locomover. Num momento crucial, os americanos puderam decidir se a bicicleta era uma ferramenta ou um brinquedo. Escolheram o brinquedo.

Portanto, voltando à pergunta original: Devemos fazer proselitismo? E isso é sequer possível?

A resposta curta é: "De jeito nenhum."

Digo isso como um eterno amante do ciclismo que, além de se divertir com a bicicleta, usa-a regularmente como meio de transporte e gosta do ciclismo prático e do recreativo, tanto quanto gosta de quase todas as outras coisas no mundo. De fato, é *porque* gosto tanto do ciclismo que sei que de jeito nenhum a maioria das pessoas que não pedalam vai começar a andar de bicicleta de repente, já que é o meu amor por isso que me faz suportar a indignidade do ciclismo numa sociedade que me odeia por fazer isso e que não quer me dar nem mesmo minha pequena pista própria.

Pense nas muitas pessoas que você conhece na vida, como seu tio corpulento, de meia-idade, ao volante de um Ford Explorer – você sabe, aquele que está sempre gozando seu tio mais magro e mais em forma porque ele nunca se casou e gosta de arte. Agora imagine esse tio andando de bicicleta. Você não consegue, a não ser que tenha visto no YouTube aqueles vídeos de ursos andando de bicicleta em circos russos. Isso não vai acontecer, a não ser que algum mestre de cerimônias de circo, com uma cartola e um colete de lantejoulas, comece a persegui-lo com um chicote.

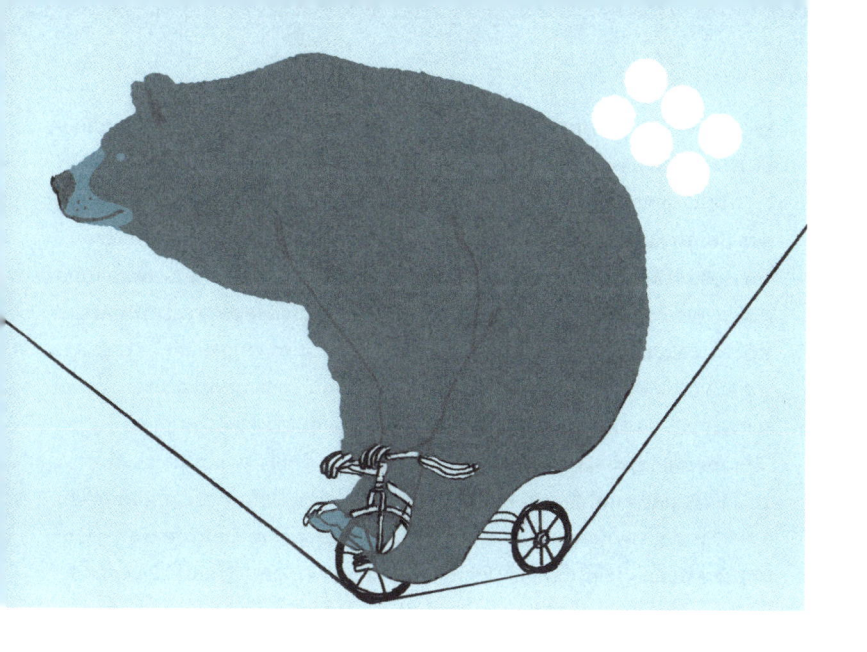

Mesmo que todas as pessoas de sua vida andem de bicicleta – porque você é uma daquelas pessoas convencidas que só sai com a "galera da *bike*", ou porque mora num lugar estranho como Portland –, dê uma olhada à sua volta na próxima vez que você parar num sinal vermelho. Vamos lá, dê uma espiada dentro do carro de todo mundo – apenas tente ser discreto, para que eles não chamem a polícia ou tentem usar uma arma de choque contra você. Exceto, talvez, os estudantes em Volvos de segunda mão e aqueles casais magros com pulseiras LiveStrong e coletes de lã dirigindo Subarus com bagageiro no teto, será muito difícil imaginar quase todo mundo que você vê montado numa bicicleta. Eles estão usando ternos; eles têm estruturas de corpo grandes; eles estão enviando *e-mails*, maquiando-se e comendo caixas inteiras de Chicken McNuggets. Estão tão acomodados em seus carros que a ideia de tirá-los dali e pô-los em bicicletas parece tão provável quanto desprender um caramujo de sua concha espaçosa e atraí-lo para uma noz.

Isso porque, ao longo de gerações, muitos de nós evoluímos até um ponto em que passamos a existir em simbiose com nossos carros, e nossos traseiros cada vez maiores se encaixam muito bem em nossas poltronas reclináveis. Os fabricantes de automóveis gastam milhões de dólares em campanhas publicitárias para tentar convencer as pessoas a mudar de um tipo de carro para outro, e até mesmo *isso* só funciona às vezes. Portanto, não há como anúncios de serviços públicos bem-intencionados e alguns editoriais de jornais sobre como economizar o dinheiro da gasolina fazerem alguém trocar um carro por uma *bicicleta*.

Então, de novo, nem tudo é o que parece, e, como uma pessoa sábia e barbada já disse: "Não julgueis, para que não sejais julgados" – o que é mais um motivo pelo qual o *American Idol* é um dos nossos maiores males culturais.

Por mais semelhante a um molusco que tenha se tornado nossa relação com os carros, e por mais irritantes que consideremos as bicicletas e os ciclistas, o ciclismo está entranhado em nós, e faz parte de nós assim como qualquer um dos sete palavrões (exceto, talvez, o filho da puta). É a nossa relação com as *bikes* que ficou rígida, e assim que as pessoas se sentirem confortáveis, essas bicicletas sairão do armário como um milhão de Ricky Martins.

Tome como exemplo o prédio onde moro. Coabito com um bando de gente mal-humorada, e o principal passatempo deles parece ser fumar cigarros sob o toldo da entrada e não segurar a porta para você. É difícil imaginar *qualquer* um deles andando de bicicleta, e sempre me sentia bastante deslocado quando estava lutando para entrar no prédio com minha bicicleta enquanto eles ficavam ali fumando e me odiando em silêncio.

Porém, para minha surpresa, um dia, numa reunião de condomínio, fiquei sabendo não apenas que muitos de meus vizinhos tinham bicicletas, como também que eles queriam um lugar para guardá-las. Assim, fizemos uma pequena adaptação no espaço do lado de fora. Pasmem, essa área do prédio se encheu de bicicletas mais rapidamente do que a caixa de mensagens de Ricky Martin se encheu de convites para sair depois que ele saiu do armário. E eles também *usam* as bicicletas. Na verdade, meu zelador cumpre tarefas em sua bicicleta quando não está me olhando de cara feia e tentando me atropelar no corredor com o aspirador. Eu simplesmente o havia julgado precipitadamente, imaginando que uma pessoa tão profundamente intratável não poderia andar de bicicleta.

Além disso, ninguém teve que persuadir essas pessoas a andarem de bicicleta. Também não precisamos lhes oferecer "compensação de carbono" nem "créditos verdes", nem demos a cada uma delas uma bicicleta urbana artesanal de aço e um boné de ciclista de grife, de algodão encerado. Tivemos apenas que derrubar uma barreira relativamente pequena e elas cuidaram do resto sozinhas.

Você não pode – ou pelo menos não deve – tentar convencer uma pessoa a fazer algo que ela não quer fazer. As pessoas não gostam disso. Ao mesmo tempo, porém, você pode facilitar para que elas façam algo que querem fazer mas acham que ninguém quer que elas façam. O ciclismo é uma dessas coisas. Num nível pessoal, podemos fazer nossa parte como ciclistas deixando de nos isolar ou de sermos agressivos demais e deixando de passar zunindo por pedestres ou de bater em carros. Num nível municipal, seria bom ter mais ciclovias, mas também temos que estar preparados para pedalar de qualquer modo, já que a presença das ciclovias pode muito bem ser fugaz – como um arco-íris, ou uma aura de convencimento. Até certo ponto, temos que pensar no ciclismo como uma grande fuga da prisão – estamos cavando com colheres nosso caminho para escapar; portanto, toda vez que saímos de nossa cela temos que levar conosco um bolso cheio de terra. Esse bolso cheio de terra é a boa vontade que você manifesta cada vez que anda de bicicleta, e, se todos nós fizermos nossa pequena parte, pode ser que cheguemos ao outro lado da parede onde fica o paraíso daqueles que transitam.

O que não podemos fazer, porém, é tentar dominar os guardas de alguma Attica[32] da irritação, que é o que a Massa Crítica é. Quer seja venerando um deus específico ou forçando um gosto adquirido a um estranho ("Você simplesmente *tem* que experimentar essa linguiça!"), somos irresistivelmente compelidos a tentar empurrar as coisas pela goela dos outros. Seja Jesus ou Jell-O, nós as impingimos aos nossos vizinhos, e os resultados são quase sempre (previsivelmente) desastrosos. Esta é mais uma tragédia da condição humana.

E quando se trata desse tipo de comportamento, os ciclistas são os piores possíveis. Eu estava lendo uma análise na internet sobre uma certa bicicleta de carga, em parte porque acho as bicicletas de carga interessantes, mas principalmente porque acho engraçadas as coisas ditas pelas pessoas que as utilizam. Num dos comentários, alguém criticava a tal bicicleta de carga porque "não é realmente muito atraente para alguém que normalmente dirige um SUV". *Nenhuma* bicicleta é atraente para alguém que normalmente dirige um SUV, não importa o quanto ela seja parecida com um SUV! Você não convence alguém a deixar uma Pajeiro para montar numa *bakfiets*. É mais fácil tentar vender carne de soja numa churrascaria.

---

[32] Referência à prisão estatal americana. [N. do T.]

Neste sentido, insistir para que as pessoas troquem seus SUVs por bicicletas de carga é mais ou menos tão razoável e ponderado quanto os motoristas insistirem que os ciclistas não devem ter suas próprias vias. Nem todo mundo precisa sair da prisão. Algumas pessoas ficam institucionalizadas em suas situações, e está tudo absolutamente bem. Em vez disso, o foco deve estar em ajudá-las a entender por que o seu ciclismo é melhor para elas – e é. Se elas puderem entender que ter de tomar cuidado com os ciclistas não lhes custa absolutamente tempo algum, e que, de fato, uma pessoa que está pedalando em vez de dirigir representa um carro a menos para o trânsito ou para secar aquela bomba de gasolina, então talvez possam perder a animosidade e ficar atrás de nós. (No bom sentido, e não no sentido "Não vi você, desculpe se passei por cima.")

Nos primeiros tempos da era cristã, antes de tudo virar o sistema dominante, havia um grupo de cristãos independentes chamado gnósticos. Os gnósticos eram, em sua época, totalmente *hipsters*, e é quase certo que fossem completamente insuportáveis, cheios de si e irritantes quando estavam por perto. Sem dúvida, eram intoleravelmente convencidos, e tenho certeza de que o gnosticismo está prestes a ressurgir em Portland, se é que isso já não aconteceu. De qualquer modo, os gnósticos acreditavam que havia três tipos de pessoas: hílicos, psíquicos e pneumáticos.

1. **HÍLICOS:** Esta era a ordem mais baixa de pessoas, aquelas que nunca "entendiam". Nos tempos gnósticos, isso significava que elas nunca alcançariam a iluminação. Nos tempos do Gnosticismo de Portland 2.0, significa que elas estão totalmente por fora, fazem compras no Walmart, usam camisetas de time de futebol e assistem a *American Idol* sem fazer ironia.

2. **PSÍQUICOS:** Estas eram as pessoas que em parte eram espiritualizadas mas não conseguiam se separar totalmente do plano material. Nos tempos gnósticos, isso provavelmente significava ter um emprego "sério", como consertar sandálias, mas comparecer aos ocasionais agitos gnósticos nos fins de semanas. Hoje, significa trabalhar como consultor mas ter uma tatuagem fácil de esconder, usar tênis descolados na sexta-feira casual e possivelmente ir ao SXSW ou ao *Burning Man*[33].
3. **PNEUMÁTICOS:** Esta era a ordem mais elevada dos seres humanos. O pneumático gnóstico provavelmente podia fazer milagres, levitar e transformar água em *homus*. Hoje, o pneumático de Portland provavelmente seria tão transcendental em sua ironia que poderia desembaraçar os *dreadlocks* de alguém com a força de seu pensamento.

Além de permitir entender os *hipsters*, acho o gnosticismo um modelo bastante útil para entender o ciclismo. Os hílicos são as pessoas que acabamos de analisar: os motoristas de SUV presos às suas poltronas que jamais saberão andar de bicicleta. Cubra-os de amor, não deixe que eles matem você e siga em frente.

Os psíquicos são uma turma mais complicada. São pessoas que gostam de dizer que usariam a bicicleta para ir trabalhar e como meio de transporte em geral, e talvez até já a usem recreativamente, mas têm um monte de desculpas para não o fazerem. Como eu disse, devemos remover tantos obstáculos quanto possível, mas também não podemos mover montanhas. Alguns desses psíquicos, como meus vizinhos,

---

[33] Festivais que podem ser considerados "alternativos" ou de "contracultura" que acontecem anualmente nos Estados Unidos. [N. do E.]

pedalarão realmente se as coisas forem um pouco mais fáceis para eles. Outros, porém, acham que antes de fazerem isso será preciso atender a uma série inteira de pré-requisitos. São aqueles famosos defensores do ciclismo que "não trepam nem saem de cima", para usar um coloquialismo grosseiro, e que só estão dizendo que andariam de bicicleta porque é o que se espera deles – assim como Tom Segura reconhece que as bicicletas são "saudáveis e ecológicas" porque é o que se *espera* dele. Eis algumas das desculpas mais comuns do psíquico do ciclismo

"Eu iria para o trabalho de bicicleta se tivesse um lugar seguro para estacioná-la."

Esta é a desculpa que mais me incomoda, porque o que realmente significa é: "Eu quero ir para o trabalho numa bicicleta bacana e não posso porque alguém pode levá-la, então não tenho bicicleta." Em primeiro lugar, carros também são roubados o tempo todo, e as pessoas estacionam regularmente na rua carros que custam mais de US$ 50 mil. Em segundo lugar, se as pessoas estão preocupadas que suas *bikes* sejam roubadas, *por que não usar bicicletas surradas?* Meus vizinhos fazem isso – aquilo lá é um monte de ferro velho, e toda vez que apanho minha *bike* tenho medo de pegar tétano.

Odeio roubos tanto quanto todo mundo, e adoraria que houvesse mais estacionamentos de bicicleta seguros, mas isso me parece algo no qual devemos nos preocupar em resolver depois de questões mais importantes, como *fazer com que possamos pedalar sem sermos mortos*. Depois que fizermos isso, talvez possamos nos preocupar com detalhes. Enquanto isso, devemos nos divorciar de nosso apego ao objeto – e dizer que você não irá para o trabalho de bicicleta enquanto não houver risco algum de esta ser roubada é como dizer que você não fará sexo enquanto o mundo não estiver completamente livre de doenças sexualmente transmissíveis. Claro, é mais seguro, mas em determinado momento você precisa pensar em sua qualidade de vida. Afinal de contas, a precaução é mais divertida do que a abstinência.

"Eu andaria de bicicleta se pudesse fazer isso sem ser morto."

Está bem, esta é um pouco mais compreensível. Dependendo de onde você mora, optar por transitar de *bike* pode ser uma proposta amedrontadora. Uma pessoa que adora pedalar lançará sua bicicleta em qualquer trânsito como um praticante de canoagem enfrentando corredeiras classe 5, mas para a chamada "pessoa normal" isso pode não parecer uma coisa razoável a ser feita.

Ao mesmo tempo, porém, se ninguém andar de bicicleta, onde estará o estímulo para adotar boas maneiras com as *bikes* no trânsito? E, mesmo que sejam adotadas, quem garante que os psíquicos não vão apresentar alguma outra precondição, como estacionamento seguro para suas *bikes* novas para Audax[34], ou máquinas que controlem as condições do tempo – o que naturalmente nos leva à próxima desculpa comum:

"Eu andaria de bicicleta se não fosse esse tempo feio/quente/frio."

Esta é fácil: não ande de bicicleta no tempo feio/quente/frio se você não quiser. Dependendo de onde você mora, ainda sobram entre 100 e 365 dias por ano para pedalar. Além disso, você está dirigindo uma bicicleta surrada, portanto, se começar a chover no meio do dia, você pode simplesmente deixá-la presa a um cadeado onde estiver, pois quem vai querer uma lata velha dessas? A ideia de ter que usar o mesmo veículo entra dia sai dia é resultado da lavagem cerebral das guerras de *bikes versus* carros. Ninguém precisa andar de bicicleta todo dia.

---

[34] Nome dado, no Brasil, a um evento ciclístico não competitivo e de longa distância, conhecido internacionalmente pelo nome de Randonneur.

"Tenho que estar bem arrumado no trabalho."

Esta desculpa deve ser a mais comum, mas de certa forma é a mais blindada, e é por isso que me deixa mais furioso do que todas as outras. Vivemos no século 21. (Bem, excluindo pessoas como os Amish, os Talibãs e Larry King.) Em geral, conseguimos derrubar todo tipo de ideia primitiva: a de que as doenças são curadas com sangria, a de que o Sol gira em torno da Terra e a de que Charlie Sheen consegue ficar sóbrio. Porém, parece que não conseguimos derrubar essa coisa do "figurino".

Possivelmente, as roupas chegaram ao seu auge nos anos 1700, quando as pessoas costumavam usar perucas empoadas e encaracoladas estapafúrdias e camisas com punhos loucamente franzidos. Mais recentemente, no século 20, as pessoas ainda não conseguiam ir à praia sem usar vestimentas que eram no mínimo tão complicadas quanto os vestidos de casamento típicos dos tempos modernos.

Desde então, percorremos um longo caminho, e a roupa de baixo de ontem é o traje a rigor de hoje. Porém, embora possamos usar *jeans* e camiseta a maior parte do tempo, como um bando de trabalhadores braçais imundos do século 19, ainda se espera que muitos de nós usemos todos os tipos de peças de roupa supérfluas em nossos trabalhos, e isso é, francamente, ridículo.

Um advogado fará realmente um trabalho melhor se estiver usando um terno?

Exceto para a aplicação emergencial de um torniquete, a que propósito serve uma gravata?

Faz algum sentido o estilo "*business* casual"? Não é como ser "um pouco vegetariano"?

Francamente, em se tratando de local de trabalho, não há um relaxamento do código de vestuário que valha a pena mencionar desde que Susan B. Anthony levou as mulheres a usar calça comprida, e isso é triste. Consequentemente, nossa sociedade é literalmente prisioneira de seu próprio guarda-roupa. O que poderia ser mais agradável do que ir de bicicleta para o trabalho num dia quente de verão? E o que poderia ser mais fundamental do que a liberdade de tomar essa decisão? Infelizmente, muitos de nós não podemos fazer isso porque exigem que nos vistamos como se a temperatura fosse de 4 graus, quando na verdade é de 26 graus, e que fiquemos assim o dia inteiro, e sem deixar que nossos corpos desmintam o absurdo desse fingimento, suando ou emitindo algum odor natural.

Em vez disso, toda a nossa infraestrutura de transportes se baseia em nos transportar dentro de um ambiente com temperatura controlada que nos permita parecer propagandas ambulantes (ou, mais precisamente, sentadas) de 'marcas de roupa'.

Isso não é culpa nossa – todos nós precisamos trabalhar, pode ser difícil conseguir um emprego e você não seria tolo de brincar com seu meio de vida sendo o único funcionário de camiseta com mancha de suor. Ao mesmo tempo, só quando avançarmos e admitirmos nossa fundamental humanidade desleixada e orgânica é que estaremos livres para nos transportarmos tão efetiva e eficientemente quanto possível, independentemente do veículo escolhido. Realmente, quando você pensa nisso, as únicas pessoas que precisam vestir roupas especiais para trabalhar são:

- A polícia – é justo que os vejamos chegando.
- Pessoas que lidam com coisas perigosas regularmente – nem seria preciso dizer que você não pode lidar com plutônio usando uma camiseta sem mangas.
- Prisioneiros – do contrário as coisas ficam confusas demais.

- Clérigos, freiras, monges e outros devotos religiosos – porque não é religião se não tiver todas aquelas vestimentas loucas.
- *Boy bands* – porque é formidável quando eles combinam.

Fora isso, o resto de nós deveria ser mais livre para vestir o que quisesse (ou não vestir o que quisesse). Afinal de contas, a maior parte do setor financeiro se veste muito formalmente, assim como a maioria das pessoas do ramo imobiliário, e veja bem como isso tudo terminou.

Sim, algumas empresas chegam a ponto de oferecer a seus trabalhadores chuveiros e armários para incentivá-los (ou pelo menos não desencorajá-los ativamente) a se locomover de bicicleta, mas até onde eu sei isso é apenas um paliativo que deixa de tocar no problema fundamental. Você toma banho no bar quando vai de bicicleta beber com os amigos? Provavelmente não. Então por que tem de fazer isso quando chega ao trabalho?

LIVRO IV

TRANSCENDÊNCIA

A ALQUIMIA DO MUNDANO

Fala-se muito hoje em dia sobre "sustentabilidade". A Agência de Proteção Ambiental define sustentabilidade como estabelecer "políticas e estratégias que atendam às necessidades atuais da sociedade sem comprometer a capacidade das futuras gerações de atender às suas necessidades". Por exemplo, se você retirar todos os peixes do oceano, eles não poderão mais fazer sexo e gerar mais peixinhos para nossos filhos comerem. Portanto, existem leis que determinam a quantidade de peixes que podemos pescar, porque o mundo não é um bufê em que você come quanto quiser. Isso é apenas bom senso.

As pessoas se interessam especialmente pela sustentabilidade quando estão fazendo compras, porque, embora possam ter ou não uma boa compreensão sobre a origem das coisas que compram e sobre como são feitas, elas querem se assegurar de que são feitas da maneira certa – e por "certa" elas querem dizer "sustentabilidade". Isso significa que não temos que nos sentir culpados por comprá-las.

Em particular, muitas vezes estamos mais interessados em sustentabilidade quando a coisa pela qual estamos pagando é desnecessária ou um luxo, como uma refeição num restaurante. É aí que a sustentabilidade vende melhor. Nenhum de nós *precisa* realmente comer fora, portanto, quando fazemos isso, gostamos de nos convencer de que estamos fazendo um serviço público. Transformar a autoindulgência num *Mitzvá* é talvez a maior conquista humana do século 21.

A sustentabilidade surge com especial frequência quando você se interessa por bicicletas. Muitos ciclistas adoram se autoparabenizar por utilizarem um meio de transporte teoricamente sustentável, por vestirem roupas de butique feitas de tecidos sustentáveis e por comerem alimentos sustentáveis e outras formas de sustento sustentáveis em cafés veganos sustentáveis.

Estranhamente, porém, parece que não estamos tão interessados em sustentabilidade quando se trata de nosso bem-estar mental e emocional. Ouvimos falar muito da importância da compostagem, de transformar o vento em energia e de reciclar nosso lixo, e espera-se que nos sintamos culpados por desperdiçarmos esses recursos. Porém, ninguém jamais fala do fato de estarmos desperdiçando nosso recurso emocional mais precioso, que é a nossa felicidade.

Em termos de transporte, a sustentabilidade é relativa. A felicidade, por outro lado, é absoluta. Tudo flui de nossa felicidade, incluindo o desejo de ser generoso, de melhorar nosso ambiente e de agradar aos outros. Quando você está infeliz, a última coisa que pensa é em retribuir ao mundo. Na maioria das vezes, você só quer chutá-lo nos testículos.

Infelizmente, durante grande parte do tempo queimamos algo a caminho do trabalho que é, possivelmente, até mais precioso do que petróleo ou *homus*: pedacinhos de nossa boa vontade. Isso acontece toda vez que ficamos exasperados, que levamos uma cortada, que cortamos alguém ou que nos envolvemos numa discussão com nossos companheiros de trânsito. Se seu carro fica sem gasolina, ele engasga e morre. Se seu corpo fica sem *homus*, você fica tonto e desmaia. E se seu cérebro fica sem boa vontade, você se torna uma daquelas pessoas mal-humoradas e miseráveis que despejam seu mau humor e sua infelicidade em todos que estão à sua volta.

De fato, sua locomoção consiste principalmente em pessoas mal-humoradas e miseráveis, que, por sua vez, tornam você mal-humorado e miserável, e juntos formamos uma sociedade mal-humorada e miserável que discute de quem são as ruas e quem é o maior babaca. É basicamente uma corrida armamentista de irritabilidade, e isso começou na extremidade do rabo do Dachshund do Tempo. Assim como os motoristas compram cada vez mais cavalos de potência para poderem prevalecer sobre seus companheiros de trânsito, todos nós temos que gritar muito mais alto para abafar nossos vizinhos mal-humorados e miseráveis. O empreendimento inteiro é acima de tudo insustentável do ponto de vista metafísico. Não é de admirar que as pessoas estejam se ferindo.

A felicidade pode ser tão insustentável quanto o petróleo. Embora todos nós a desejemos, e embora seja a nossa necessidade compartilhada mais básica – juntamente com alimentar-se – parece que temos muita dificuldade de encontrá-la. É por isso que muitas pessoas e organizações afirmam que podem fazer você feliz. Várias religiões lhe dirão que, se você seguir regras de dieta e se abster de tocar em seu próprio corpo, encontrará a felicidade. Minimalistas lhe dirão que, se você se desfizer do excesso de posses, encontrará a felicidade. E empresas lhe dirão que, se você adquirir seus produtos sustentáveis e ecológicos, encontrará a felicidade.

O problema, porém, é que a maioria desses métodos também não é sustentável. É como perfurar o solo em busca de petróleo – você pode atingir um poço, mas este acabará se esgotando e deixará para trás apenas um buraco.

Saber que você vai para o céu porque nunca se masturba aos domingos, ou o que quer que seja, pode fazer você feliz, mas à custa de pensar que todas as outras pessoas estão erradas.

O minimalismo pode parecer libertador de início, mas depois de algum tempo a obsessão pelas coisas que você não tem se torna tão perturbadora quanto a obsessão pelas coisas que você tem. É como deixar de usar roupa de baixo, ou seja, a sensação de liberdade é boa no início, mas depois de algum tempo você começa a ficar esfolado.

Quanto a encontrar a felicidade fazendo compras, você pode ter uma breve excitação ao fazer uma nova compra, mas a longo prazo isso pode lhe arruinar, já que mesmo o melhor seguro de saúde não cobre casos em que a pessoa compra para se sentir bem – e o dinheiro é como uma floresta, ou seja, é preciso muito pouco tempo para queimá-lo, mas um bocado de tempo para que cresça de novo.

Não seria ótimo, então, se pudéssemos encontrar um poço que jorrasse eternamente uma felicidade suave, reconfortante, que fizesse você praticamente vibrar de alegria? E se pudéssemos transformar toda essa raiva, ódio, mau humor e irritabilidade em alegria? Não seria como ter uma máquina em moto-contínuo? Uma inundação de boa vontade não acabaria fazendo todo o sentimento de humanidade boiar?

Bem, talvez sim ou talvez não, mas sustento que podemos pelo menos encontrar uma felicidade verdadeira, sem culpa, renovável, que torne a vida melhor para nós mesmos e para todos à nossa volta, desde que simplesmente adotemos uma filosofia de "verdor mental".

Não quero dizer que devamos fumar toneladas de maconha, embora, em se tratando de algumas pessoas irritadas com as quais compartilhamos as ruas, encher seus carros de fumaça carregada de THC provavelmente ajudasse. (Seria como aquela cena de *A história do mundo – Parte I* em que Josefo se livra dos romanos com um baseado gigante.) Não, o que quero dizer é que precisamos aprender a compostar nossa infelicidade.

Todos nós temos um bocado de miséria – muitas vezes, mais do que pensamos que podemos descartar em segurança. Em particular, todos nós somos sobrecarregados de tarefas sacais, funcionários sacais e coisas sacais que não queremos fazer. Precisamos ir e voltar para o trabalho para recebermos um salário, precisamos marcar consultas com dentistas, médicos, psicanalistas e instrutores de caratê, e precisamos gastar nossos salários em produtos apropriadamente sustentáveis e ecológicos para que, ao abrirmos nossos armários de cozinha, possamos nos sentir bem com nós mesmos.

Além disso, para a maioria de nós, o processo de fazer chatices como essas nos consome muitas horas do dia, e o estresse, a irritação e o cansaço que isso causa são uma boa parte do motivo pelo qual somos tão infelizes. Porém, se você consegue transformar esse negócio de fazer chatices em diversão, consegue também transformar em alegria essas tarefas sacais, esse trabalho sacal e todo o estresse e irritação concomitantes – e ter uma abundância de alegria em sua vida, cujo resultado final é a felicidade.

Séculos atrás, as pessoas tentaram transformar chumbo em ouro sem sucesso. Porém, você pode transformar o trabalho duro e chato em felicidade.

Esta é a Alquimia do Mundano.

Se você gosta de andar de bicicleta, provavelmente já é muito mais um alquimista da mundanalidade do que o típico piloto de SUV que senta a mão na buzina e mete o pé com força no acelerador. Porém, a beleza da Alquimia do Mundano é que você pode refiná-la constantemente. Sempre adorei andar de bicicleta, e isso sempre foi para mim uma enorme fonte de alegria, mas nem sempre fui tão competente em injetar essa alegria em todas as diversas áreas de minha vida. Durante muito tempo, não pensava em apreciar um ciclismo prático porque este simplesmente me lembrava que eu não estava num ciclismo recreativo. Eu usava uma bicicleta vagabunda, surrada, e não uma *bike* de corrida imaculada; eu estava nas ruas da cidade, e não nas colinas onduladas do interior; eu estava usando uma roupa do dia a dia, em vez dos tecidos especiais elásticos que absorvem o suor.

Em suma, eu estava tão distraído com o modo como o ciclismo real diferia de minha ideia platônica de ciclismo que esquecia que ainda estava pedalando, e essa distração era a diferença entre miséria e felicidade.

Com o passar dos anos, porém, isso começou a mudar. Eu percebi que desejar andar de bicicleta quando você está de fato andando de bicicleta é como sentir falta de uma pessoa com a qual você vive e olhar para a foto dela enquanto ela está ao seu lado no sofá. Isso torna você e sua parceira ou seu parceiro muito infelizes. Da mesma forma, percebi que a versão idealista de andar de bicicleta da qual eu sentia falta o tempo todo estava, na verdade, me fazendo infeliz, porque a bicicleta cara e o guarda-roupa especializado que esta exigia eram completamente incompatíveis com a rotina de vida e não podiam se integrar à miséria das chatices a serem cumpridas. Era como aquele episódio de *Seinfeld* em que Kenny Bania insiste que Jerry lhe deve uma refeição mas não considera – uma refeição – o agradável almoço que os dois estão tendo em um pequeno restaurante:

"A sopa conta", explica Jerry. "É uma refeição."

É a mesma coisa em se tratando de andar de bicicleta – transitar de bicicleta conta, é andar de bicicleta. Cabe a você apreciar isso. Certamente isso não exclui aqueles passeios recreativos especiais, platônicos, ideais, numa bicicleta de corrida. Continuo gostando deles também – na verdade, provavelmente gosto mais, porque são efetivamente um bônus.

Mas, quando se trata de dominar a Alquimia do Mundano, aprender a se alegrar até mesmo com as formas mais simples de ciclismo e infundir essa alegria o máximo possível na vida é a parte fácil, e a maioria dos ciclistas já descobriu isso – quer dizer, exceto aqueles que só pedalam em estradas, que são escravos de sua falsa crença na longa quilometragem em que se pedala e pedala em marcha uniforme e constante. A parte mais difícil é o treinamento.

Sim, infelizmente, a Alquimia do Mundano exige treinamento, mas, diferentemente do ciclismo competitivo, não é um treinamento prático. Em vez disso, é treinar a si mesmo para entrar alegremente na grande sala de estar conjunta que é o Grande Mundo Selvagem, para passar pelo corredor polonês enquanto você está sendo constantemente espancado por pessoas miseráveis, infelizes, que são seus colegas seres humanos, e sair dali com alegria ao chegar à outra extremidade.

Isso é mais difícil do que as subidas mais íngremes, os regimes de exercícios mais intensos e os treinamentos mais chatos em ambiente fechado – de deixar a virilha dormente – que você já experimentou. É relativamente fácil manter a cabeça baixa e pedalar até doer, mas não é tão fácil manter o seu contentamento quando alguém abre a porta do carro na sua cara ou lhe diz que seu lugar é a calçada.

Quando o treinamento físico fica difícil, tudo o que você precisa fazer é desistir, e isso não tem realmente consequência alguma. Porém, quando fica difícil manter a Alquimia do Mundano e você desiste, muitas vezes você faz isso gritando um palavrão para alguém. E, por mais tentador que esse impulso possa ser, não acho que exista alguém que já tenha reagido bem ao ouvir alguém lhe mandando se foder. Na melhor hipótese, você pode encontrar alguém que leve isso ao pé da letra e tente realmente se foder, mas é quase certo que até mesmo isso termine de forma lamentável.

Então o que esse treinamento realmente exige? Bem, transitar é muito mais como tentar andar de botas de chumbo numa lagoa lamacenta do que pensamos, e a mais aerodinâmica das bicicletas não vai mudar isso, já que a maior parte da resistência que estamos encontrando é subproduto das ações daqueles que os leigos chamam de "babacas". Estou longe de dominar a Alquimia do Mundano – se dominasse, não precisaria transitar para lugar algum e poderia simplesmente ficar em casa levitando e desembaraçando os dreadlocks das pessoas. Na verdade, quando saio para pedalar me sinto como o personagem de Samuel Jackson em *Pulp Fiction* – um homem perigosamente irritável que está fazendo um grande esforço para ser um pastor. Porém, considero os seguintes truques úteis, e, com a prática, meus deslocamentos se tornaram bem mais prazerosos.

ZERE SEU COMPUTADOR MENTAL

Se existe uma coisa que aprendemos com a história dos deslocamentos trata-se de como é importante deixar a bagagem para trás ao embarcar numa viagem. Obviamente, isso não se aplica à bagagem literal, e se você quiser se lançar nas ruas numa *bakfiets* carregada com setenta quilos de salada de repolho, bem como todo o conteúdo de sua gaveta de roupa de baixo, por mim tudo bem. Em vez disso, quero dizer que você precisa deixar para trás sua bagagem *mental*. Você pode estar irritado com seu chefe, mas se levar essa raiva com você, isso significa que vai ficar muito mais parecido com aquele pedestre estúpido e distraído que deveria ter o bom senso de permanecer na calçada – você sabe, aquela laje de concreto à qual todos os motoristas dizem que você pertence. Você precisa também se desfazer da ansiedade antes de partir, principalmente se um dos motivos pelos quais está ansioso é chegar rapidamente ao lugar para onde está indo. Entrar no Grande Mundo Selvagem às pressas é como tentar fisgar

TELEPATHIC HANDLING

thIS BIKE GOES WHERE YOU POINT It.

LATERALLY STIFF yet VERTICAll compliant

um peixe rapidamente; não apenas você gostará mais do processo se esperar algum tempo, como saborear o aspecto que você pode controlar aumenta muito as chances de que o aspecto que você não pode controlar tenha um resultado muito melhor.

Ao mesmo tempo, você também não pode ser ingênuo. Estamos falando do Grande Mundo Selvagem, e algo pode muito bem dar errado. Se esse mundo fosse totalmente e previsivelmente benigno, poderíamos sair de casa nus e sem dinheiro algum. Portanto, você precisa moderar suas expectativas e saber que está sujeito a se deparar com algo irritante. Este é um equilíbrio delicado, porque, se você não esperar por isso, será pego desarmado quando acontecer, mas se partir para o trânsito procurando problemas, com certeza encontrará. Pessoalmente, acho que ajuda entrar no trânsito como se fosse uma pizza congelada ou um episódio de *Saturday Night Live*: não espero grande coisa, então geralmente fico agradavelmente surpreso quando não é totalmente horrível.

LEIA AS ANÁLISES SOBRE BICICLETAS MAS SUBTRAIA A BICICLETA

Se você já leu mais de uma análise sobre bicicletas, está familiarizado com a maioria dos clichês:

- "Essa *bike* vai para onde você a aponta."
- "Condução telepática" e, é claro,
- "Lateralmente rígida, mas verticalmente obediente."

Obviamente, tudo isso é ridículo. Qual é a bicicleta montada de maneira apropriada que não vai para onde você a aponta? É claro que quando você pega um carrinho de compras com uma roda torta, pode ser que ele *não* vá para onde você o aponta, mas é provável que você não esteja andando numa bicicleta em semelhante mau estado de conservação.

Quanto à condução telepática, é *claro* que a bicicleta tem condução telepática. Não é como um navio dos velhos tempos em que o capitão tinha que gritar para os caras jogarem pás de carvão na caldeira e dizer a eles: "Avante a toda velocidade!" Numa *bike* – qualquer *bike*, não apenas as de corrida – você praticamente pensa uma coisa e acontece. Você não precisa falar com suas pernas.

E "lateralmente rígida, mas verticalmente obediente" é apenas o tipo de frase contraditória que soa profunda e zen, e faz as pessoas concordarem sabiamente e dizerem: "Sim, tenho que ter essa." É como em *Um tiro no escuro*, quando o inspetor Clouseau diz: "Acredito em tudo e não acredito em nada. Suspeito de todos e não suspeito de ninguém." É uma corda bamba entre "zen" e um suspiro de tédio – e as análises sobre *bikes* tendem para esta última.

As análises sobre bicicletas são úteis, porém, porque inadvertidamente lhe dizem *como* pedalar, já que tudo o que fazem é atribuir à bicicleta as ações naturais de um ciclista, para que você queira comprá-la. Uma *bike vai* para onde você a aponta, portanto mire com cuidado. Uma *bike tem* condução telepática, portanto não pense no quanto você gostaria de zoar aquele pedestre por estar atravessando a rua distraído. E um ciclista deve ser "lateralmente rígido e verticalmente obediente", ou seja, que deve pedalar com confiança e tomar posse de sua parte da rua, mas sem deixar de ser capaz de expandir seu espaço quando isso for possível.

Basicamente, chegamos a um patamar em que personificamos a *bike* a ponto de nos submetermos a ela e esquecermos nossa função. Quer ser rápido? Compre uma bicicleta veloz. Quer ser elegante e fazer a linha *Cycle Chic*? Compre uma bicicleta elegante e *Cycle*

Chic. Mas mesmo a bicicleta mais elegante se comportará como um carrinho de supermercado com uma roda torta se for pilotada por um idiota. Precisamos reivindicar os ideais que os fabricantes de bicicletas e autores de análises atribuem às *bikes* e aplicá-los a nós mesmos. Devemos ir para onde apontamos a nós mesmos, devemos nos comunicar telepaticamente com nós mesmos e devemos ser lateralmente rígidos e verticalmente obedientes. Atribuir essas coisas a uma bicicleta é como dizer que sua camisa tem personalidade ou que sua televisão é criativa.

Ah, e cuidado com os ladrões também – do contrário, sua *bike* vai "desaparecer sob você", o que é outro clichê das análises sobre bicicletas.

ESTABELEÇA OBJETIVOS

Em geral, não acredito em ter objetivos. Regras foram feitas para serem quebradas, objetivos têm o propósito de serem perdidos e, caso eu quisesse estabelecer uma decepção para mim, convidaria uma gorila raivosa para uma noite tranquila e agradável. Além disso, trabalhar com um único objetivo pode realmente distraí-lo, porque se você focar num objetivo com muita intensidade poderá acabar inadvertidamente abrindo mão de outro. Você tem que ter direção, mas também tem que ter a mente aberta. E se Nathaniel Hawthorne tivesse abandonado *A letra escarlate* porque o livro interferia em seus deveres na alfândega de Boston?

Porém, uma área em que objetivos podem ser úteis é o deslocamento de bicicleta. Em particular, acho útil partir para minha jornada com dois objetivos em mente:

1. Não ser morto.
2. Percorrer todo o caminho até o meu destino sem ficar irritado.

O primeiro objetivo, obviamente, é bom senso – a não ser que você seja um homem-bomba suicida –, querer chegar aonde você está indo sem ser morto é uma condição básica.

O segundo objetivo, porém, é bem mais difícil e, com muita frequência, fracassa de maneira espetacular – embora com a prática esteja sempre melhorando um pouco. Com meu computador mental zerado (é fácil fazer isso, já que sou o que você poderia eufemisticamente chamar de "ingênuo"), imagino a felicidade que estou sentindo naquele momento como uma grande tigela de cereais transbordando de leite adocicado, e meu trabalho é transportar a tigela pela cidade sem derramar uma gota dessa delícia. É claro que, como eu disse, muitas vezes fracasso e de vez em quando despejo os cereais na cabeça de alguém num ataque de raiva. Mas estou me esforçando *muuuito* para ser esse pastor.

Ao perseguir o objetivo nº 2, também acho útil lembrar minhas experiências no 11 de setembro e ter em mente que, no fundo, todos nós estamos perseguindo o objetivo nº 1, e isso é reconfortante – embora infelizmente algumas pessoas sejam mais descuidadas com seus cereais do que outras.

ACEITE A NEGATIVIDADE

Embora eu transite tentando equilibrar uma grande tigela de cereais, isso não significa que eu seja um mané bobão, meloso e ingênuo. Pelo contrário, sou um mané tão cheio de negatividade e escuridão primordial borbulhante quanto qualquer outra pessoa. Negar isso seria negar minha humanidade fundamental, e dizer que isso vem de algum outro lugar ou negar minha responsabilidade é ainda mais ridículo do que aquelas análises sobre bicicletas que as personificam, imbuindo-as de poderes místicos.

Satã não existe, independentemente do quão ameaçadoramente presente Oprah possa parecer.

Mais importante: assim como os carros, essa lama coletiva de negatividade não vai desaparecer tão cedo. Portanto, em vez de tentar sublimá-la, ou negá-la, ou ignorá-la, devemos tentar entendê-la e aceitá-la – não por meio de confrontos, ataques, grosserias ou despejando cereais, mas por meio de análise e humor. Esta era a ideia dos sete palavrões de George Carlin.

Acho que é perfeitamente normal ficar aborrecido com alguma coisa, desde que você dedique algum tempo a entender o que o aborrece. Também acredito que, como ciclistas, devemos nos erguer acima da negatividade o máximo que pudermos, mas devemos também nadar naquilo sobre o qual não podemos nos erguer, porque esta é a única maneira de cruzar o Rubicão da infelicidade.

O melhor caminho para a autorrealização não é *tornar-se* seu *sonho*, mas sim *chegar* a um *acordo* com seu *pesadelo*. Se você pensa que odeia alguma coisa, provavelmente é porque isso lhe faz lembrar alguma coisa dentro de você. Dê uma boa olhada e descubra o que é.

PRATIQUE BOAS AÇÕES NO TRÂNSITO

O mundo tem uma maneira irritante de deixar de corresponder às nossas expectativas, e isso é especialmente verdade quando transitamos. Quando milhões de pessoas querem ir em diferentes direções ao mesmo tempo, é inevitável que pelo menos duas delas esbarrem uma na outra. Em condições ideais, você não quer ser uma dessas pessoas, mas, independentemente de sua habilidade para tecer seu caminho no meio desse gânglio de humanidade, no fim das contas não há como responder pela estupidez e desatenção de seus companheiros seres humanos. Você pode dirigir a si mesmo, mas não pode dirigi-los.

Uma coisa sobre a qual você tem controle absoluto, porém, é o modo como trata as outras pessoas. Como diz a Bíblia, "Faça aos outros o que gostaria que fizessem a você". Isso é conhecido como a Regra de Ouro. Porém, ainda que seja de ouro, como qualquer regra ela somente é boa enquanto as pessoas a seguem, e há sempre um buraco para escapar.

No caso dessa regra específica, o problema é que somos, em essência, uma cultura obcecada por si mesma e em satisfazer a si mesma, portanto muitas vezes seguir a Regra de Ouro significa apenas que acabamos masturbando uns aos outros da mesma maneira que masturbamos a nós mesmos. Tome como exemplo a Massa Crítica. É fácil, como ciclista, tratar bem outro ciclista, uma vez que em geral já gostamos dele por estar de bicicleta, e um monte de gente pedalando junto em favor da causa do ciclismo pode parece egoísta, mas, em essência, é apenas uma grande masturbação em grupo – e existe o seu escape masturbatório. É claro que *devemos* gostar um dos outros, mas não devemos *iludir* uns aos outros.

Uma boa ação muito mais difícil, porém muito mais edificante, é tratar os outros bem sem motivo algum. Isso pode ser incrivelmente gratificante, mas infelizmente vai contra todos os instintos que temos como seres humanos miseráveis que somos. É por isso que deixar um estranho cortar você no trânsito pode levá-lo a se sentir um completo otário – o equivalente a enviar por *e-mail* os números de sua conta-corrente e de sua identidade a um príncipe nigeriano. É por isso também que, no Grande Mundo Selvagem, o espectro da interação geralmente varia entre a indiferença e o "vai se foder". Portanto, para fazer boas ações por companheiros em trânsito, precisamos de certa forma enganar a nós mesmos.

PETE TOWNSHEND

Pessoalmente, tenho o prazer perverso de confundir as expectativas das pessoas, e é especialmente fácil fazer isso como ciclista porque todo mundo espera que você quebre as leis do trânsito assim como Pete Townshend costumava quebrar guitarras. (Não sei se Pete Townshend ainda quebra guitarras – ele está bem velho agora, então imagino que a única coisa que esteja quebrando hoje em dia seja seu quadril.)

Com o passar dos anos, tornei-me muito melhor na atitude de parar de bicicleta nos sinais vermelhos, e em determinado momento notei que, quando fazia isso, os pedestres pareciam muito mais confusos do que quando eu costumava furá-los. Quando eu chegava ao sinal e parava suavemente, os pedestres me olhavam intrigados e às vezes interrompiam o passo ou até saltavam, como se eu pudesse de repente mudar de ideia e resolver arremeter contra eles. Era como se eles fossem gazelas e eu um suspeito leão desinteressado que estava prestes a perceber: "Ei, o que estou fazendo? Sou um leão! Eu deveria estar rasgando a garganta dessa gazela." Como eu não fazia isso, eles me lançavam um olhar de decepção e continuavam, como se eu fosse algum idiota – na verdade, pareciam quase irritados porque eu não havia tentado atropelá-los.

E esta era a melhor parte – o fato de que eu os irritava. Vamos ser honestos, irritar pode ser divertido; portanto, o que poderia ser melhor do que irritar as pessoas enquanto se obedece à lei? As duas partes saem ganhando! Nem todos os pedestres ficavam nervosos, porém – os mais velhos eram mais acusadores. Eles meio que me olhavam com os olhos semicerrados quando eu parava, como que me desafiando a atacá-los. Em seguida, como eu não atacava, me olhavam contentes – não o contentamento que surge da gratidão, mas sim o contentamento da vitória. Os olhares pareciam dizer: "É isso aí, fique onde está, seu canalha!" E quem poderia culpá-los? Depois de anos sendo molestados por ciclistas sem consideração, estavam agora saboreando a merecida punição aos ciclistas.

Quando comecei a notar isso, percebi uma coisa: claro, era divertido irritar as pessoas que se irritavam com os ciclistas que não estavam sendo irritantes, mas foi ainda mais divertido ver como as pessoas passam rapidamente do medo para a dominação, e como o oprimido se torna rapidamente o opressor.

Mas o que me fez *realmente* começar a gostar de parar nos sinais foi que, depois de um tempo, comecei a me deparar com uma gratidão sincera, transparente. Esse tipo de coisa derrete seu coração – mesmo que seu coração seja um pedaço duro de queijo processado vencido, como é o meu. Jamais me esquecerei de quando parei num sinal vermelho durante a hora do rush vespertino em Manhattan e um senhor de idade atravessou a rua. Quando me detive, ele se virou para mim com um espanto que logo se transformou em doçura:

"Obrigado por parar. Que jovem bonito."

Eu nem era jovem na época, e certamente não era bonito na época ou possivelmente em tempo algum, mas ainda assim aquelas palavras me tocaram. Pensei em como provavelmente era um saco para ele andar pela cidade em meio a pedestres se aglomerando, carros que o cortavam e bicicletas zunindo. E com um ato de consideração eu podia muito bem ter mudado toda a atmosfera de seu dia.

Ou era isso ou ele era um velho pervertido nojento, mas prefiro a primeira possibilidade.

De qualquer modo, desde aquele dia encontro muitas pessoas – algumas delas mais assustadoras do que outras – que me agradecem ou me parabenizam pelo simples ato de parar num sinal. Isso em

Nova York, imagine você, onde não damos crédito uns aos outros por nada. Guardas de trânsito, caras dirigindo caminhões da companhia de luz, pessoas estranhas caminhando com cachorrinhos. É meio triste que algo tão simples mereça um agradecimento – é como agradecer a alguém por não mijar na sua perna – mas ainda assim é uma sensação boa.

Na verdade, é uma sensação tão boa que ampliei minha cortesia e passei a ser obsequioso com as pessoas não apenas nos cruzamentos. Claro, não vou negar que eu tinha prazer ao disparar no meio de uma multidão de pedestres atravessando a rua distraídos, perfeitamente cronometrado para alarmá-los sem atingir ninguém. Ao mesmo tempo, porém, é muito mais prazeroso identificar alguém que nitidamente está tendo alguma dificuldade e deixá-lo passar. Isso não apenas faz você feliz, como haverá uma pessoa a menos fazendo um comentário em algum artigo de jornal ou blog sobre como os ciclistas não têm consideração, ou uma pessoa a menos votando em algum vereador que está fazendo uma proposta ridícula de obrigar as pessoas a emplacarem suas bicicletas e obter licença para pedalar.

De novo – e não posso enfatizar isso o bastante – não estou dizendo que sou um ser ciclista benigno. Tenho certeza de que em meu melhor dia consigo irritar três pessoas para cada uma que edifico. Ainda assim, continuo praticando, e é a prática que é importante. A prática não o torna perfeito, mas produz mais prática, e isso é bom o bastante.

É O PENSAMENTO QUE CONTA

Acredito que fazer cada uma dessas coisas, ou tentar fazer, ou mesmo *pensar* em fazer antes de iniciar seu deslocamento vale um milhão de participações na Massa Crítica ou um milhão de postagens em fóruns de gente que se acha moralmente superior. A participação de todos nesse tipo de coisa é o que torna verde o Grande Mundo Selvagem.

Isso é muito mais importante do que todo esse negócio supostamente ecológico de apoiar ou difamar pessoas com base nas relativas qualidades não poluentes de seus veículos. Na verdade, acho que um dos maiores erros que os defensores do ciclismo cometem é associá-lo ao movimento ecológico e usar isso como sua base. Além de o interesse das pessoas por ecologia oscilar, o que aconteceria se os carros se tornassem realmente não poluentes? "Finalmente, carros limpos – agora podemos pelo menos nos livrar daquelas ciclovias estúpidas."

Com quem você preferiria compartilhar uma estrada? Com uma pessoa compassiva e atenciosa num Hummer ou com um ciclista arrogante e egocêntrico?

TENHA CONSCIÊNCIA DO ONANISMO SOCIAL

Um dia, eu estava andando de bicicleta pelo Prospect Park, no Brooklyn, como faço com frequência. Como qualquer espaço público grande onde as pessoas fazem atividades recreativas, o Prospect Park é uma verdadeira placa de Petri de interações humanas, repleto de caminhantes, corredores, ciclistas, patinadores de *cross-country*, equitadores, pessoas passeando com seus cães e até um cara estranho que anda pelo parque chutando uma bola de borracha gigante. Isso sem falar no que acontece no bosque ou atrás das moitas de arbustos. O que as pessoas fazem para se divertir, fazem no Prospect Park.

Enquanto eu pedalava relaxadamente no circuito circular do parque, fui surpreendido por uma turma que treinava no local. Resplandecentes em suas roupas vistosas de *lycra*, eles passaram velozes, com suas caras bicicletas de corrida de fibra de carbono fazendo um zumbido impressionante. Como eu mesmo sou um ciclista que gosta de andar rápido, faço parte de grupos desse tipo, e notei como eles parecem diferentes quando você não está com eles. Quando você está pedalando em grupo, com suas pernas e sua bicicleta em perfeita harmonia, e algum dentista ou advogado tipo A bloqueando o vento à sua frente, tudo parece incrivelmente em ordem. Você se comunica sinalizando sutilmente com a mão, uns apontam obstáculos para os outros e você zomba discretamente das pessoas estranhas de calça de moletom que dão guinadas imprevisíveis ao longo de toda a pista do parque.

Mas quando você não faz parte do grupo e eles passam zunindo por você, a centímetros de distância de crianças pequenas que pela primeira vez estão tentando fazer uma curva montadas numa bicicleta, eles parecem principalmente um bando de idiotas com os hormônios atrapalhados.

Pouco depois de passarem por mim e continuarem costurando em meio a crianças, caminhantes ligeiros, idosos e adolescentes mal-humorados de *skate*, eles se depararam com um patinador no meio da pista. Não era um usuário de Rollerblade nem de outra marca de patins de rodas, mas um cara com verdadeiros patins de quatro rodas estilo anos 1970. Além disso, ele estava dançando música disco sobre os patins: deslizava alguns metros e em seguida dava um giro agitando dramaticamente os braços de modo a patinar para trás, mexendo os quadris como se tivesse alguma coisa presa na calça e estivesse tentando expulsá-la. Ele também estava usando fones de ouvido, que presumivelmente transmitiam, em alto volume, Gloria Gaynor, ou KC and the Sunshine Band, ou alguma outra trilha sonora apropriada para uma discoteca de patinadores.

Você se surpreenderia com a quantidade de patinadores de música disco que existem na Nova York do século 21.

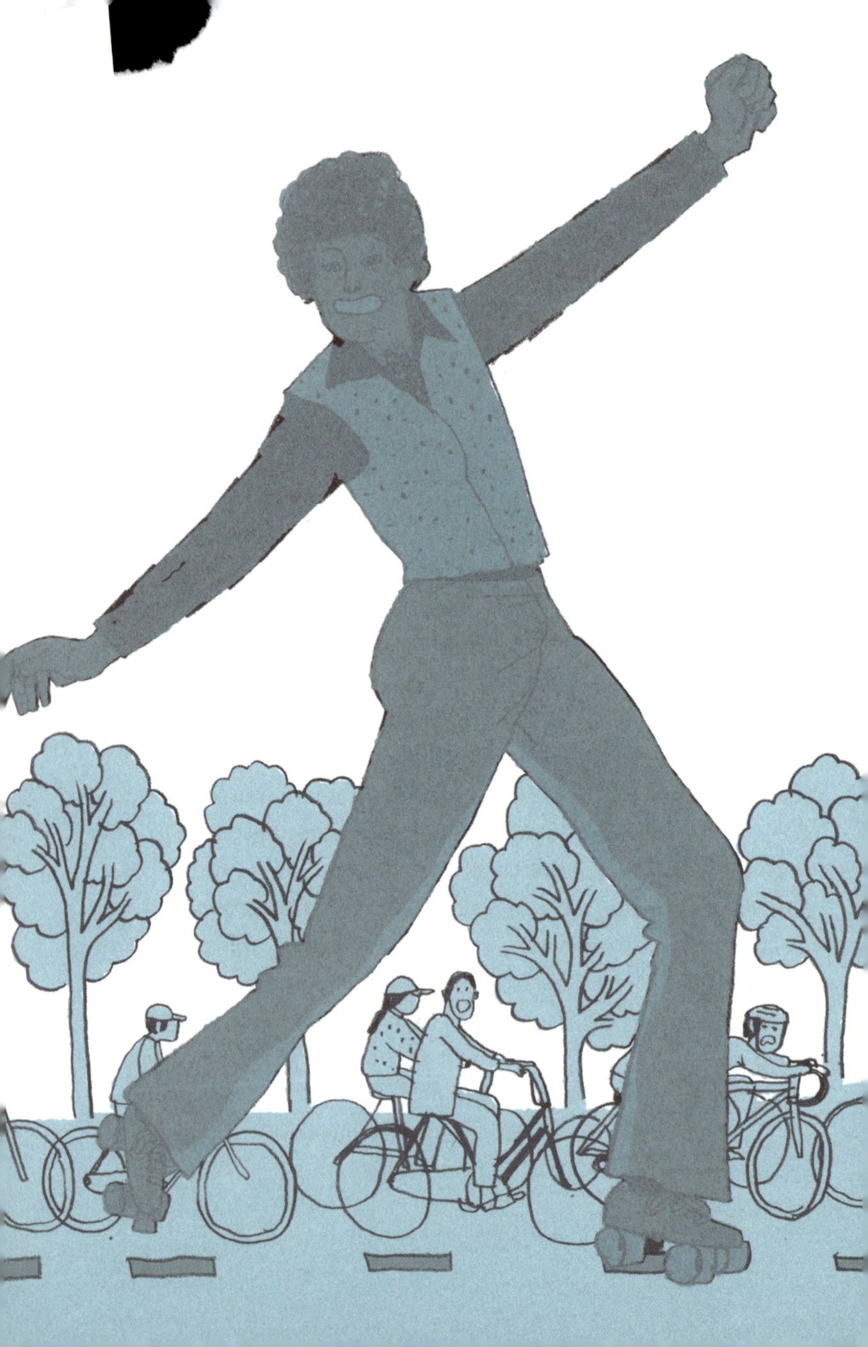

Então lá vêm os corredores de *bike* – dez a quinze homens sobre pedaços de carbono taiwanês de US$ 5 mil – e, embora bastante acostumados a se desviar dos obstáculos habituais do parque, eles simplesmente não conseguem reagir ao ritmo da música disco que está direcionando o cara de patins. Num segundo ele está indo para frente, no instante seguinte está voltando, de repente está se mexendo para os dois lados, como um goleiro esperando uma bola, e então, sem avisar, está se agachando com uma perna à frente e as mãos para o alto, como se estivesse deslizando para a base do batedor e vencendo a World Series of Disco.

"Que diabo...?!? Ei, preste atenção!", gritam os ciclistas enquanto rompem a formação e se espalham. Enquanto isso, o patinador está igualmente irritado, olhando como se tivesse viajado três horas para chegar a um ringue de patinação e o encontrasse fechado porque estão encerando o piso. Felizmente, ninguém bateu em ninguém, mas as colisões foram evitadas apenas graças aos deuses da música disco. Se um dos ciclistas freasse um nanossegundo depois, ou se o patinador levantasse aquele dedo indicador de *Os embalos de sábado à noite* apenas alguns centímetros à frente, sem dúvida seriam necessárias ferramentas hidráulicas para separar a massa retorcida de carbono, patins e homem branco afro.

Nessa situação, a força que entrou em ação é chamada de "Onanismo Social". Basicamente, onanismo significa "masturbação", portanto onanismo social se refere a qualquer situação em que uma pessoa ou um grupo está envolvido numa atividade que é totalmente em benefício próprio e incomoda os outros. Eis alguns exemplos comuns de onanismo social:

- Pedalar em alta velocidade num parque movimentado no meio do dia.

- Dançar música disco loucamente sobre patins de rodas num parque movimentado no meio do dia.
- *Viajar* demais na música de seus fones de ouvido no metrô e cantar ou *rapear* em voz alta (duplamente onanista se a letra for obscena).
- Pedalar, dirigir ou mesmo caminhar de maneira irregular ou imprudente (sim, já vi pessoas andando feito loucas).
- Falar alto no telefone celular porque secretamente você gosta de deixar que estranhos saibam sobre seu trabalho importante, suas compras extravagantes e seu estilo de vida agitado.

Os casos isolados de onanismo social são irritantes, mas, quando duas ou mais pessoas ou grupos socialmente onanistas se encontram, o efeito se multiplica exponencialmente – trata-se do Efeito Sinérgico do Onanismo Social. Um grupo de Freds[35] velozes é uma coisa, mas, quando você põe o patinador no meio, a situação fica muito mais perigosa. Se o cara estranho com a bola de borracha surgisse em cena então, é quase certo que haveria uma carnificina total. Além disso, o onanismo social não se aplica apenas a ambientes recreativos como os parques. Estende-se também ao trânsito, uma arena definida por seu onanismo.

Jamais eliminaremos o onanismo social de nossa sociedade – nem gostaríamos que isso acontecesse. Por mais irritante que seja, o onanismo social pode às vezes ser extremamente divertido, e eu não gostaria de viver num mundo sem pessoas como o cara de patins.

---

[35] Pessoa que gasta uma grande quantia de dinheiro para comprar bicicletas, acessórios e roupas de ciclismo profissionais, mas não é um bom ciclista, é na verdade um amador. Seria uma espécie de "ciclista de vitrine". [N. do E.]

Assim como há o colesterol bom e o colesterol ruim, há também o onanismo social bom e o onanismo social ruim. Até certo ponto, o que constitui o onanismo social bom ou ruim está nos olhos de quem vê, mas, de uma maneira geral, quanto mais exuberante ele for, melhor, já que sua qualidade de bom é definida por seu valor como entretenimento. (Um observador objetivo provavelmente se divertiria mais com o patinador do que com os Freds velozes.)

No alto-mar, há regras rígidas que determinam qual é o barco que tem o direito preferencial de passagem, e obviamente regras semelhantes também regulamentam nossas ruas. Porém, não existe regra alguma que nos diga como nos comportarmos quando nos deparamos com o onanismo social, que é, por natureza, totalmente imprevisível.

Em suma, qual é o maluco que tem a preferência?

Eu sustento que o curso de ação mais seguro, independentemente da velocidade ou do veículo, é sempre dar a vez à parte mais exuberante. Embora os Freds velozes estejam indo mais rápido e sejam mais numerosos, não se pode esperar, de maneira razoável, que o patinador incorpore uma ação evasiva a seus movimentos sincopados de disco dance.

Da mesma forma, a não ser que você seja verdadeira e irresistivelmente exuberante, deve evitar o onanismo social. Se não tem certeza se reúne as qualidades, eis um bom teste: quando você está sendo socialmente onanista, alguém já tentou lhe dar dinheiro? Se tentou, então você está entre os artistas de rua, portanto, vá em frente de qualquer maneira. Se não tentou, pode ser que você queira desistir e continuar cantando no chuveiro como o resto de nós.

CONFESSE!!!

Pode ser doloroso, mas ao mesmo tempo um alívio, tirar algo de seu peito. Não, não estou falando de depilar aquele tapete Alec Baldwin ou arrancar fios de cabelo feios do mamilo. Estou falando do catártico e espiritualmente edificante ato de confissão.

No melhor mundo possível, transitar seria como sexo *bom*: uma parte essencial da vida que, todavia, realizamos com prazer. Infelizmente, no mundo real, transitar é como sexo *ruim*: um trabalho penoso que fazemos por senso de dever ou uma série de impulsos equivocados que deixa a gente se sentindo tremendamente culpado depois.

Diz-se que a culpa é uma emoção inútil. Isso é uma mentira completa. A culpa é uma emoção extremamente importante porque:

1. Pode ser usada como uma arma poderosa. (Fazer amigos, membros da família e entes queridos se sentirem culpados

pode levá-los a supri-lo de bens e serviços sem custo financeiro algum para você.)
2. Pode lhe permitir saber quando você está se comportando mal, ou sendo aquilo ao qual as pessoas se referem tecnicamente como um "babaca".

Se você já se sentiu culpado depois de transitar, pode ser um sinal de que está fazendo isso de maneira errada. Basicamente, existem dois motivos pelos quais as pessoas podem sentir culpa depois de transitar:

1. Elas se sentem mal com a escolha do veículo.
2. Elas percebem, em retrospecto, que se comportaram como um babaca.

No que diz respeito a se sentir mal com a escolha do veículo, esta geralmente é uma experiência de pessoas convencidas que acham que um tipo de veículo é mais correto do que o outro. Falando em termos gerais, para os convencidos, os veículos podem ser divididos em dois grupos: Bons e Maus. Os veículos "Bons" são muitos, e incluem:

- Bicicletas.
- Trens.
- Veículos a motor movidos por combustíveis alternativos, como eletricidade, óleo vegetal ou o próprio senso insuportável de autossatisfação do motorista.
- Canoas, caiaques, barcos a remo, sampanas, veleiros e outras embarcações movidas por pessoas ou pelo vento.
- Cavalos alimentados organicamente.
- Qualquer coisa inconveniente.

Os veículos "Maus", por outro lado, são simplesmente qualquer um que atenda ao seguinte critério:

- Ter um motor que queima gasolina. (A única exceção a esse critério conhecida são aqueles barcos que os ambientalistas usam para importunar baleeiros e plataformas de petróleo.)

Mesmo alguns veículos "Bons" são melhores do que outros. Por exemplo, embora a maioria das bicicletas seja boa, uma bicicleta de bambu rangente, disforme e que você mesmo fez em alguma cooperativa local onde também dão aulas de "apicultura urbana" é melhor do quase todas as outras em termos de absoluta correção. Porém, a verdade é que não existem veículos "Maus" – existem apenas maus operadores de veículos. E por "Mau" quero dizer "estúpido". Um caminhão que queima gasolina não é um veículo mau ou estúpido de jeito algum, mas uma pessoa que usa esse caminhão para percorrer um quilômetro sobre um pavimento liso sem transportar coisa alguma provavelmente é estúpida, principalmente porque vai acabar parada no trânsito sem um bom motivo e gastando algum dinheiro e tempo nesse processo.

Por outro lado, às vezes você precisa de um caminhão que queima gasolina – como quando precisa transportar alguma coisa por uma longa distância. Todos nós já usamos um caminhão dessa maneira uma vez ou outra, seja dirigindo-o ou recebendo uma entrega trazida por ele. Porém, as pessoas do tipo que acredita em veículos "Bons" e "Maus" não podem fazer isso sem dar uma explicação demorada sobre por que o fizeram, e sobre como nunca o fazem, exceto essa única vez, e sobre como teriam levado o conjunto estofado de sua sala pela cidade em sua bicicleta de bambu disforme se não estivessem ainda cheias de dores por causa daquele incidente com um enxame de abelhas da cooperativa que produz mel urbano, e assim por diante.

Elas se sentem culpadas, embora, assim como no caso do masturbador, não haja motivo real algum para se sentirem culpadas e, realmente, a única ofensa que estão cometendo é falar algo que deveriam guardar para si mesmas.

Porém, a outra forma de culpa, em que você percebe que estava sendo um babaca, é a mais significativa. Esta ocorre quando, em vez de pensar que um veículo é superior a outro, você leva isso um pouco mais adiante e acredita que *você* é superior a outra pessoa – o que o reduz a nada mais do que um pentelho irritante, independentemente da infração percebida ou real da outra pessoa.

Eu sei que disse que os ciclistas são os Transeuntes Eleitos, mas não porque somos melhores. Realmente, isso é, em grande parte, um acaso, assim como ser chamado para integrar o corpo de jurados em um julgamento jurado num processo. Na verdade, somos todos mais ou menos igualmente estúpidos – só que alguns de nós não *percebemos* que estamos sendo estúpidos, o que é a pior forma de estupidez. Essa estupidez inconsciente pode ser dar uma cortada numa pessoa porque você estava enviando uma mensagem de texto enquanto dirigia, ou pode ser chutar o carro de uma pessoa porque ela o cortou porque estava enviando uma mensagem de texto enquanto dirigia. A coisa mais insidiosa em ser estúpido é que estupidez gera estupidez, e pode ser muito fácil cair numa espécie de "Ciclo de Retroalimentação de Idiotice". Na melhor das hipóteses, duas pessoas se atrapalham; e na pior das hipóteses, alguém sai ferido de uma briga por causa de uma situação em que ninguém saiu ferido. Infelizmente, quando somos ofendidos, é muito fácil sermos levados pelo calor do momento, ou pelo *flagrante indignito*, ou como quer que você queira chamar isso. Esta provavelmente é a pior parte de ser um ciclista: nossa paciência e compostura precisam ser iguais à nossa vulnerabilidade e à quantidade de indignidade à qual somos submetidos.

A pior parte, depois que a discussão termina, é que a virtude que ferveu e se transformou em raiva acaba esfriando, e quando você chega ao seu destino ela está congelada e virou aquela gororoba grudenta e meio enjoativa conhecida como "culpa".

Todos nós já ouvimos a famosa advertência de Jesus: "Aquele que nunca pecou, que atire a primeira pedra." É um bom conselho, mas também está por aí há cerca de dois mil anos e ainda não está ajudando, já que a maioria de nós circula por aí jogando pedras figurativas uns nos outros como políticos fazendo o primeiro arremesso num jogo de beisebol. Além disso, esse pequeno conselho tem muito peso quando você está falando sobre atirar pedras no Filho de Deus, mas quando seu alvo é algum imbecil balofo dirigindo um Buick e sua pedra é um belo e robusto insulto como "Babaca!", ou "Olha pra frente, filho da puta!", é muito mais difícil exercitar a contenção.

Podemos, porém, aceitar esses momentos constrangedores – essas perdas de autocontrole que induzem a culpa – confessando-os, e cada um de nós já passou por um momento desses. Um que me assombra aconteceu quando eu estava pedalando na ciclofaixa de uma rua movimentada no Brooklyn e bem à minha frente havia um Toyota Prius.

No espectro de convencimento de veículos "Bons" e "Maus", o Prius habita uma espécie de área cinzenta. É "Bom" porque é parcialmente elétrico, o que permite às pessoas parabenizarem-se a si mesmas por dirigi-lo, mas é "Mau" porque ainda queima gasolina. Neste sentido, é como o cara que trabalha em Wall Street mas pensa que a tatuagem tribal em volta do tornozelo que ele esconde sob a meia o torna "alternativo". Na visão gnóstica, é o "psíquico" dos veículos.

De qualquer modo, assim como muita gente, já carrego um bocado de bagagem emocional no que diz respeito ao Prius, mas, como se não bastasse, o motorista desse Prius específico estava envolvido numa intensa sessão de envio de mensagem em seu BlackBerry ou algum outro aparelho portátil semelhante, que ele operava com ambas as mãos enquanto dirigia com os joelhos. Consequentemente, a cada poucos metros ele desviava para dentro da ciclofaixa como se esta fosse um riacho e ele fosse um gnu que de vez em quando dava um golinho ali.

Aquilo era seguramente o comportamento de um retardado mental de alto escalão. Ao mesmo tempo, eu não corria qualquer perigo imediato, porque o trânsito estava fluindo muito lentamente e eu podia facilmente prever e evitar seus desvios idiotas. Mas toda vez que ele virava, minha raiva latente aumentava, e quando o vi digitando em seu elegante celular com os polegares (opositores, incrível – não pensei que fosse tão evoluído), sem a menor consideração, acabei perdendo o controle, enfiei minha cabeça pela janela aberta do lado do passageiro e gritei: "Bu!"

Mais ou menos quatro quarteirões à frente, aquilo havia degringolado para uma triste discussão aos gritos em que um imbecil num Prius e um arrogante idiota de *bike* desafiavam um ao outro a sair de seus respectivos veículos e brigar, embora nenhum de nós claramente quisesse isso, ainda que não pudéssemos admitir por medo de sair perdendo – assegurando, assim, que o Ciclo de Retroalimentação de Idiotice continuasse sem parar, até um de nós finalmente achar que havia gritado o insulto que seria qualificado como "a palavra final".

Quando cheguei em casa, eu estava completa e profundamente envergonhado de meu comportamento.

Confesso isso agora na esperança de que você também confesse seus pecados no trânsito – e sei que você os tem. Também sei que os ciclistas podem ser tão maus quanto qualquer pessoa.

Já vi o tímido Fred bater com o punho macio e hidratado num táxi que realmente não se aproximou tanto dele assim.

Já vi o autointitulado e convencido defensor do trânsito repreender um policial por não ficar parado no início da ciclovia da Manhattan Bridge advertindo os ciclistas que se aproximavam sobre a existência de um pequeno trecho de gelo na pista mais adiante.

Já vi um transeunte furar o sinal vermelho e depois xingar o motorista que quase bateu nele.

E muitas vezes já fui essas pessoas, ou pelo menos sombras dessas pessoas, e as lembranças desses casos e a culpa resultante me deixaram acordado à noite na cama durante dois minutos até eu afastá-las, murmurar: "Ei, deixa pra lá", e cair contente no sono.

Portanto, confesse! Vamos descarregar nossos pecados no trânsito como um membro da cooperativa de alimentos esvaziando suas cestas cheias de produtos orgânicos de cultivo local. Vamos admitir que, como ciclistas, podemos ser, e muitas vezes somos, irritantes. Vamos partir para o trânsito sempre determinados a não ter um ataque de raiva, porque, se não conseguirmos ser assim, não seremos realmente nem um pouco melhores do que a pessoa que não consegue chegar ao final de um encontro romântico sem pôr discretamente a mão de sua companhia no meio de suas pernas. Vamos anunciar uma nova era de nobreza silenciosa e graciosa.

"Cuide de seu jardim", dizia a mensagem central de *Cândido*, de Voltaire, e, embora eu tenha tirado 82 naquele teste, sempre levei esse pequeno conselho a sério. A maioria de nós cuida de seu trabalho, sua família, sua casa e sua vida social com amor e dedicação, mas é muito fácil negligenciar as trilhas entre esses jardins e deixá-los cobertos de mato. Precisamos cultivar esses jardins também, mas não cortando a folhagem com um facão ou uma tranca em U, e sim com cuidado e paciência. Precisamos aprender a aproveitar nossa viagem por essas vias compartilhadas tanto quanto aproveitamos o tempo que passamos em nossos diversos canteiros e estufas depois que ali chegamos, e tirar o melhor proveito de nossas interações com as pessoas pelas quais passamos ao longo do caminho.

"Estranho QUE PASSA!", escreveu Walt Whitman,

"Você não sabe com quanta saudade eu te olho,

Você deve ser aquele a quem procuro, ou aquela a quem procuro (isso me vem, como em um sonho),

Vivi com certeza uma vida alegre com você em algum lugar..."

Esta parece ser uma maneira tão boa de tratar um estranho quanto qualquer outra, enquanto todos nós seguimos nosso caminho ao longo do Dachshund do Tempo.

De qualquer modo, com certeza é melhor do que chamá-lo de babaca.

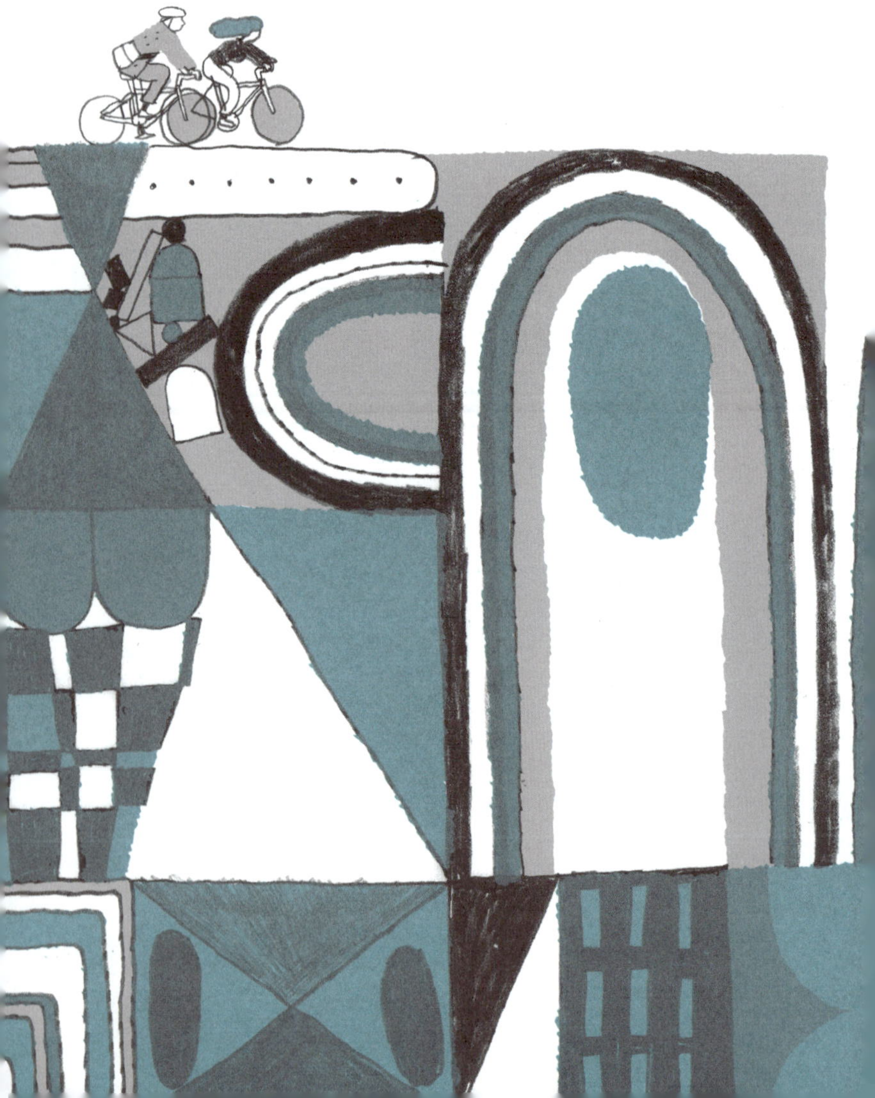

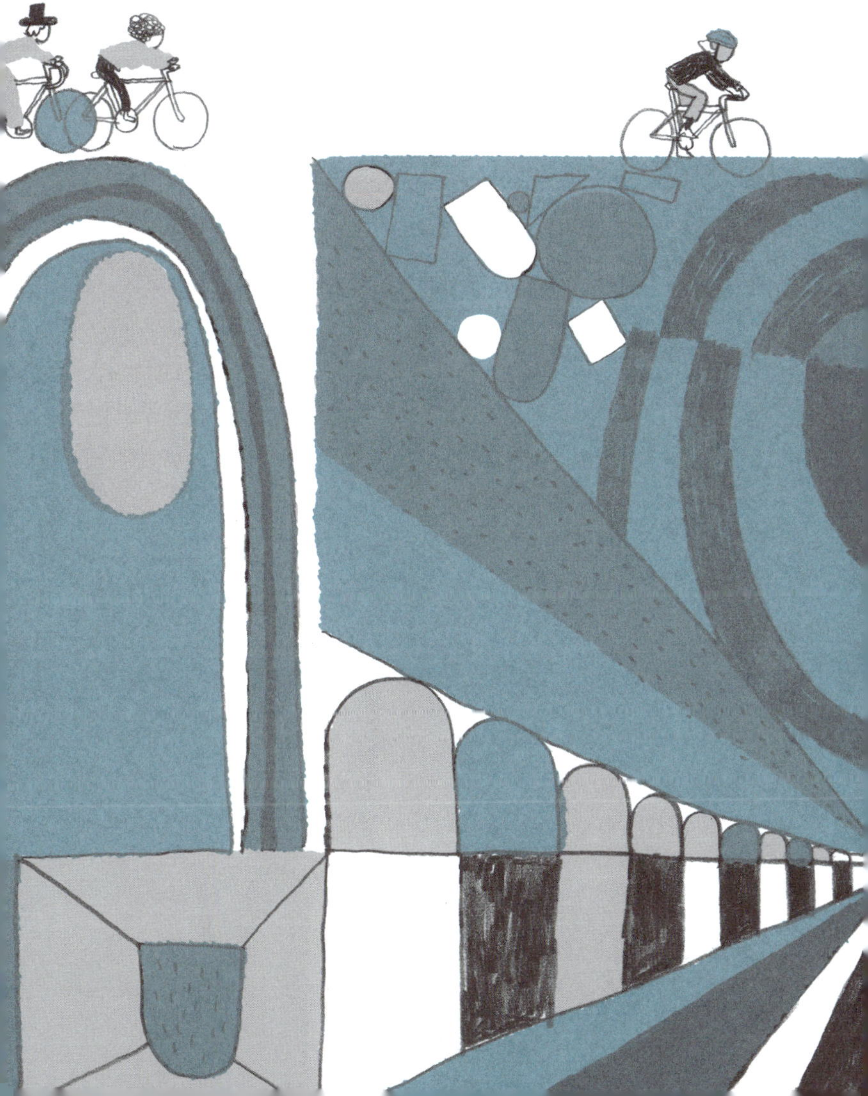

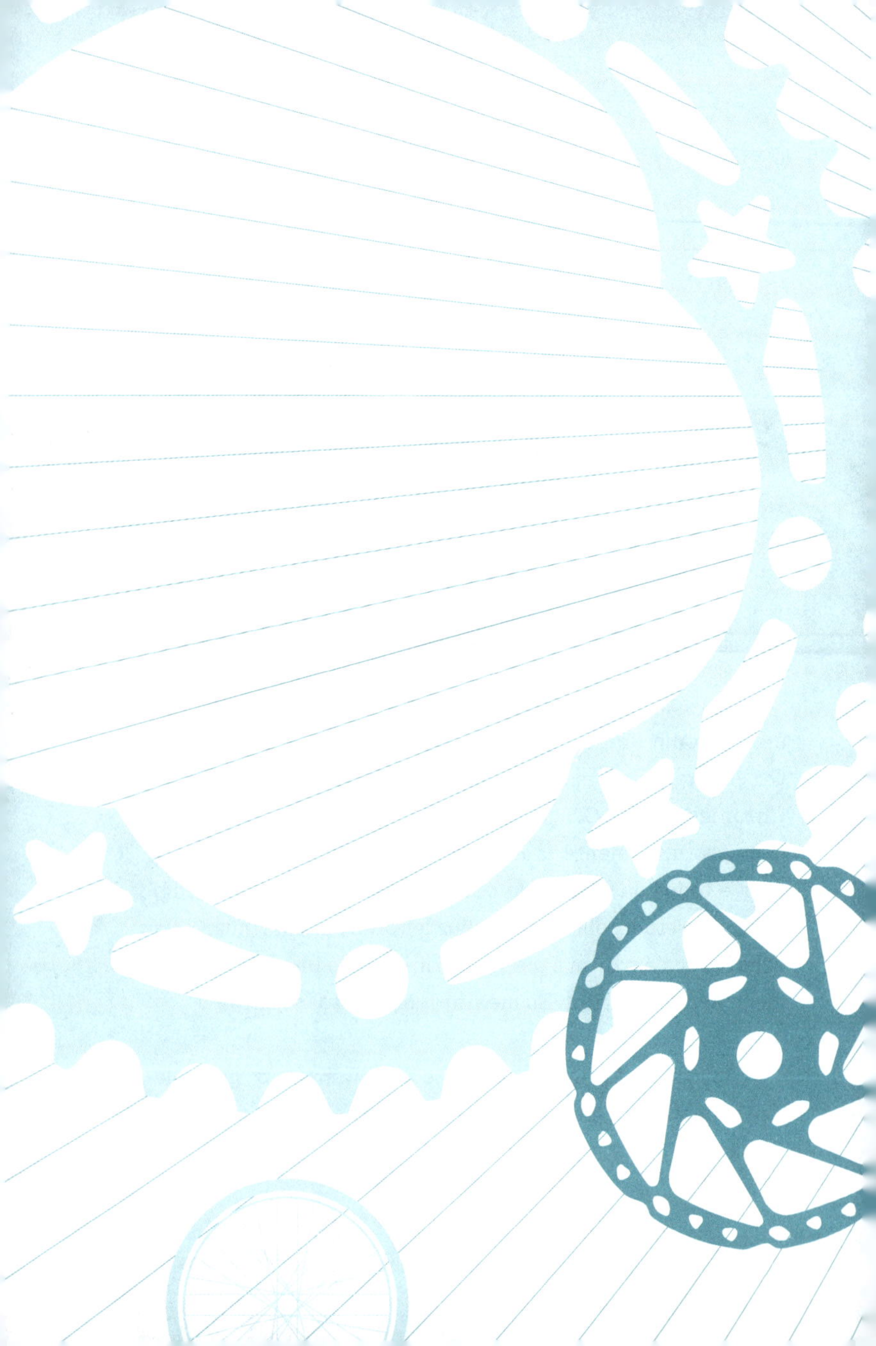

AGRADECIMENTOS

Sou extremamente afortunado por ter uma excelente agente como Danielle Svetcov, da Agência Literária Levine Greenberg, e uma excelente editora como Emily Haynes, da Chronicle Books. Graças a elas meu "trabalho" é fácil. Agradeço profundamente também a Emilie Sandoz, April Whitney e todos da Chronicle por sua *expertise* e seu trabalho duro. Sobretudo, obrigado a meus leitores por continuarem a achar graça em mim e por me permitirem o incrível privilégio de ser um escritor. Eu me sinto sortudo todos os dias.

A Odisseia Editorial agradece a William Cruz, autor do *site* vadebike.org, pela colaboração especializada na revisão desta obra.

Leia também

VÁ DE *BIKE*

*Um guia radicalmente prático
para você andar de bicicleta*

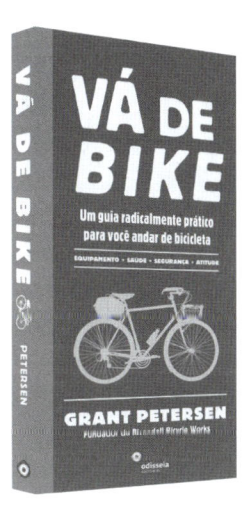

Vá de *bike*
Grant Petersen

Com seu *know how* o autor nos apresenta ao mundo dos ciclistas profissionais e amadores, poupando o leitor de firulas e indo direto ao ponto; a ordem é simplificar. Por exemplo, ele dá dicas para que você prepare seu corpo para ser saudável e aproveitar mais a sua *bike*. O mesmo vale para a escolha dos acessórios: priorize o conforto. Por que parecer um corredor profissional, em vez de, simplesmente apostar mais na diversão? Toda e qualquer escolha será bem-feita se for baseada na simplicidade. Este é o lema de Petersen

Este livro foi impresso no Rio Grande do Sul,
em outubro de 2014, pela Edelbra Gráfica e Editora
para a Odisseia Editorial.
A fonte usada no miolo é Sentinel, em corpo 9,5.
O papel do miolo é offset 75g/m² e
o da capa é cartão 300g/m².